EDIÇÕES BESTBOLSO

Sebastiana quebra o galho da mulher independente

Extremamente dedicada à família, Nenzinha Machado Salles (1921-2000) especializou-se na arte de gerir um lar, acumulando conhecimentos preciosos, muitos deles aprendidos com Sebastiana, colaboradora nos serviços domésticos que a acompanhou por mais de uma década. Generosa, a autora teve a ideia de organizar sua sabedoria de dona de casa em livro e, assim, passar adiante suas dicas e quebra-galhos para ajudar as mulheres de todo o Brasil. Nenzinha Machado Salles foi membro da Academia Petropolitana de Letras. É autora de *Maria melado, Tira-manchas, Sebastiana Quebra-Galho* e *Simpatias da Eufrázia*.

Rosa Amanda Strausz é jornalista e escritora. Organizou em *Sebastiana quebra o galho da mulher independente* as melhores dicas de Nenzinha Machado Salles para mulheres modernas, que sempre dividem o tempo entre o trabalho, a casa e si mesmas. Na literatura, estreou em 1991 com o premiado livro de contos *Mínimo Múltiplo Comum*, vencedor do Prêmio Jabuti.

Nenzinha Machado Salles

Sebastiana
Quebra o Galho
da Mulher Independente

1ª edição

EDIÇÕES
BestBolso
RIO DE JANEIRO – 2017

CIP-BRASIL. CATALOGAÇÃO NA PUBLICAÇÃO
SINDICATO NACIONAL DOS EDITORES DE LIVROS, RJ

Salles, Nenzinha Machado, 1921-2000
S165s   Sebastiana quebra o galho da mulher independente / Nenzinha
Machado Salles. – 1ª ed. – Rio de Janeiro: BestBolso, 2017.
12 × 18cm

ISBN 978-85-7799-568-4

1. Economia dosméstica. I. Título.

CDD: 640
17-44956   CDU: 64

Sebastiana quebra o galho da mulher independente, de autoria de Nenzinha
Machado Salles.
Título número 403 das Edições BestBolso.
Primeira edição impressa em setembro de 2017.
Texto revisado conforme o Acordo Ortográfico da Língua Portuguesa.

Copyright © by herdeiros de Nenzinha Machado Salles, 2014.

Organização de Rosa Amanda Strausz.

www.edicoesbestbolso.com.br

Capa: adaptação da capa original publicada pela Editora Record (2009, Rio de
Janeiro).

Atenção: A editora não aconselha a dispensar orientações médicas nem
prescreve, em caso de doenças, o uso de qualquer tipo de tratamento sem o
aconselhamento médico.

Todos os direitos reservados. Proibida a reprodução, no todo ou em parte,
sem autorização prévia por escrito da editora, sejam quais forem os meios
empregados.

Direitos exclusivos de publicação em língua portuguesa para o Brasil em formato
bolso adquiridos pelas Edições BestBolso, um selo da Editora Best Seller Ltda.
Rua Argentina 171 – 20921-380 – Rio de Janeiro, RJ – Tel.: (21) 2585-2000.

Impresso no Brasil

ISBN 978-85-7799-568-4

Sumário

INTRODUÇÃO 7

SEU ARMÁRIO – COMO CUIDAR 9
DE SEUS OBJETOS PESSOAIS

BELEZA – RESERVE UM TEMPO
SÓ PARA VOCÊ
Cabelos 31
Rosto 32
Corpo 34
Mãos 35
Pernas 37
Pés 37

LAR DOCE LAR – CUIDADOS E
MANUTENÇÃO
Limpeza e recuperação 42
Manchas 61
Pequenos truques 80

A CASA – MÓDULO AVANÇADO 87

NA COZINHA
Como se prevenir 93
Operação resgate 96
Para correr contra o relógio 106
Controle de qualidade 110
Armazenagem 118
Truques de gourmet 133
Nem todo cheiro é bom 154
Redução de custos 156

UTENSÍLIOS DE MESA E COZINHA
Louças e utensílios em geral 159
Panelas 165

ENTROU UM INSETO NA SUA CASA? 171

INTRODUÇÃO

Aquele que nunca sofreu com a ausência de uma auxiliar de serviços domésticos, aquele que jamais ficou carente de um pedreiro, aquele que não sabe o que é chegar às lágrimas porque o eletricista não telefonou não faz ideia do grau de dependência a que chegou a mulher independente.

Dividida entre o trabalho, a casa, os filhos e os cuidados consigo mesma, ela acaba precisando de um batalhão de prestadores de serviços para dar conta de seu dia a dia. Cozinheiras – ou empresas de congelados –, faxineiras, babás ou creches, manicures, cabeleireiras, esteticistas, bombeiros, encanadores, pedreiros, faz-tudo, sapateiros, estofadores e restauradores de objetos. Se fizermos uma lista, vamos chegar à conclusão de que a mulher independente só não depende mesmo do marido.

Não pretendemos que ela abdique de suas conquistas profissionais para se dedicar ao lar. Simplesmente acreditamos que é possível otimizar as tarefas domésticas. Seja para se sair bem em situações de emergência ou para melhor orientar os profissionais de sua equipe, aqui a mulher independente encontrará dicas preciosas para usar na cozinha, nos cuidados com a casa e na recuperação de objetos. Ela também vai aprender a fazer pequenos reparos e truques de beleza.

Como nossa intenção é oferecer soluções práticas – e não complicar ainda mais sua vida já atribulada –, as dicas e os truques foram cuidadosamente selecionados. Os ingredientes utilizados são facilmente encontráveis, a maioria dos procedimentos é muito simples, tudo foi pensado para evitar o desperdício do precioso tempo da mulher ocupada.

Pode até não resolver todos os seus problemas, mas vai ser um superquebra-galho.

Rosa Amanda Strausz

SEU ARMÁRIO

Como cuidar de seus objetos pessoais

Bolsas mofadas, bijuterias escurecidas, sutiãs amarelados, pilhas gastas, boa parte daquilo que você joga no lixo pode ser recuperado. Melhor ainda, você pode prolongar a vida útil de seus objetos pessoais aprendendo a conservá-los. É ecológico, politicamente correto e muito econômico.

Além de tudo, dedicar alguns minutos do dia para cuidar de miudezas pode ser uma boa terapia. Brigou com o chefe? Aproveite para recuperar aquele maravilhoso cinto de lezard. Ficou irritada no trânsito? Reavive a cor de suas turquesas e veja tudo azul.

BIJUTERIAS – LIMPEZA E CONSERVAÇÃO

AÇO – Limpe com álcool.

AÇO ADAMASCADO – Esfregue com grafite misturado a azeite de oliva. Dê polimento com camurça.

COBRE DOURADO – Esfregue a seco com camurça.

METAL – Guarde em uma caixa com um pedaço de giz branco para que não embacem nem escureçam. Se já estiverem manchadas ou escurecidas, limpe-as com uma solução de água e amônia. Dê polimento com uma flanela.

BLUSA SINTÉTICA SEM CHEIRO

As roupas de fibras sintéticas retêm o odor da transpiração, mesmo depois de lavadas. Para evitar que isso aconteça, basta deixá-las de molho na hora de enxaguar (isso é, depois de limpas), em uma solução de água com uma colher de sopa de bicarbonato.

BOLSAS – CHEIRO DE GUARDADO

Para eliminar o mau cheiro de bolsas, malas e maletas guardadas por muito tempo, coloque dentro delas uma latinha furada contendo pedaços de algodão umedecidos na colônia ou perfume de sua preferência. Deixe a lata dentro da bolsa por um dia.

BOLSAS DE PALHA – LIMPEZA

Esfregue um pano embebido em mistura de água e um pouco de amoníaco. Deixe secar bem (se possível ao sol). Depois, esfregue com pano ou flanela.

Você também pode usar uma esponja embebida em água bem salgada. Depois, enxágue com água corrente e deixe secar ao ar livre.

BOLSAS DE TECIDO – LIMPEZA

Nem sempre é possível lavar uma bolsa de tecido claro. Para limpá-la a seco, depois de escovar bem para retirar a poeira, prepare uma pasta com talco e benzina pura. Passe em toda a superfície da bolsa e deixe secar. Depois, escove bem para remover o pó.

Em bolsas de tecidos escuros e grossos, use uma escova umedecida em álcool para limpá-las.

CALÇADEIRA IMPROVISADA

A calçadeira sumiu? Use em seu lugar um envelope dobrado.

CASACOS DE PELE – COMO GUARDAR

- Pele e couro necessitam de ar. Portanto, jamais guarde objetos de pele dentro de sacos plásticos ou em caixas sem ventilação.
- Periodicamente, deixe seus objetos de pele expostos ao ar livre, à sombra. O ar noturno, especialmente o das noites úmidas, porém sem chuva, é ótimo para amaciar as peles e evitar a queda dos pelos.
- O armário onde ficam guardados os objetos não pode conter umidade. Use sempre sachês especiais. Na falta deles, vale usar um vidro de boca larga, destampado, cheio até a metade com cal viva ou pedaços de carvão vegetal.

(Veja também COUROS ESPECIAIS – LIMPEZA E RECUPERAÇÃO, p. 14.)

CINTO DE COURO – RECUPERAÇÃO

Experimente passar um pouco de vaselina derretida no cinto danificado. Deixe secar normalmente. Depois de seco, lustre com flanela.

COURO ARRANHADO

As marcas mais leves de arranhão podem ser atenuadas se forem cuidadosamente esfregadas com cera da mesma cor do couro.

COURO DANIFICADO PELO TEMPO

Em outras palavras: sua bolsa, seu casaco, sua calça de estimação está velha. Mas o aspecto da peça vai melhorar muito se ela for friccionada com clara de ovo batida em neve. Depois de secar, passe uma flanela.

Se a peça estiver tão velha que chegou a endurecer, passe na parte interna do couro uma mistura feita com 100ml de água, uma colher de sopa de sal e uma colher de café de bicarbonato de sódio, umedecendo bem. Deixe secar à sombra. Ficará macia como quando era nova.

COURO DANIFICADO POR CHUVA OU UMIDADE

Se o couro tiver sido afetado pela chuva, passe algodão molhado em álcool e depois engraxe.

Se ele estiver endurecido não só pela chuva, mas por qualquer outro tipo de umidade, passe um pincel molhado em querosene por toda a superfície.

COURO EM GERAL – LIMPEZA

Peças de couro podem ser lavadas com água e sabonete de glicerina, ou com sabão de coco, desde que sequem à sombra. Depois de bem seca, engraxe a peça com cera ou graxa de sapato incolor ou da mesma cor do couro.

COUROS ESPECIAIS – LIMPEZA E RECUPERAÇÃO

ANTÍLOPE – Esfregue sobre a peça um chumaço de algodão embebido em éter. Deixe secar bem e passe lixa zero, insistindo nas partes que estiverem mais brilhantes.

CAMURÇA – Passe uma esponja de borracha bem fina, dessas usadas para lavar copos. Se preferir, em vez de usar a esponja, esfregue suavemente com lixa d'água. Depois, escove bem.

Para tirar o brilho de uma peça de camurça, nada melhor do que "dar um banho" de vapor nela usando uma escova de crepe própria para camurça.

COBRA – Friccione com clara de ovo batida em neve, sempre no sentido das escamas. Depois de secar, passe uma flanela.

COURO CLARO – Esfregue vigorosamente a peça usando creme dental misturado a leite de magnésia. Depois, é só passar um algodão umedecido com água.

Outras dicas:

- Use clara de ovo batida em neve. Depois de seco, passe uma flanela.
- Nos objetos mais delicados, passe uma borracha macia sobre os pontos manchados.
- Se estiverem muito sujos (isso serve também para os sapatos), podem ser cuidadosamente lavados com sabonete. Deixe secar bem e depois engraxe.
- Algumas manchas podem ser removidas com uma boa esfregada de vinagre branco puro. Deixe secar e passe cera incolor própria para sapatos. Dê brilho com uma flanela.

COURO CRU – Passe algodão embebido em uma mistura com ⅓ de glicerina e ⅔ de álcool. Deixe secar bem e lustre.

COURO MARROM – Esfregue com a parte interna da casca de banana.

CROCODILO, LAGARTO OU IGUANA – Tire o pó com uma escova bem macia e depois esfregue com um chumaço de algodão embebido em glicerina. Se tiver facilidade em encontrar óleo de rícino, misture-o à glicerina. O resultado será ainda melhor. Em qualquer dos casos, dê brilho à peça com um pedaço de seda macia.

PELES BRANCAS – Passe talco ou fécula de batata bem quente até que a sujeira desapareça. Sacuda bem. Se restar algum vestígio de pó, passe uma escova macia.

PELES PRETAS COM PELOS – Pegue uma folha de papel-jornal amassada, nova, e passe-a várias vezes sobre a superfície do objeto.

PELICA BRANCA – Umedeça um chumaço de algodão e esprema sobre ele um pouco de creme dental que contenha magnésia. Esfregue bem sobre a peça. Não é necessário enxaguar. A pelica não se engraxa.

PRETO – Passe um pedaço de batata crua sobre a peça e, em seguida, engraxe e lustre.

RUGOSO – Use água e sabonete de glicerina, mas jamais utilize sabonete, detergente ou sabão à base de óleo animal. Eles danificam esse tipo de couro.

Depois de limpo e bem seco, use polidor de cera líquida, não gorduroso. Evite usar a cera em pasta, pois ela penetra entre as rugas do couro, dando um aspecto muito feio e relaxado à sua bolsa, sapato ou cinto.

VERNIZ – Um pedaço de papel higiênico macio e amassado serve para dar uma rápida limpadela na sua peça de verniz.

As rachaduras que comumente ocorrem poderão ser evitadas ou suavizadas se passarmos azeite ou óleo de cozinha nos lugares afetados.

VERNIZ BRANCO – Lave com sabão de coco.

VERNIZ COLORIDO – Para limpar e conservar, passe azeite e dê brilho.

COURO – REMOÇÃO DE MANCHAS

Veja em MANCHAS (p. 61).

COURO MOFADO – COMO EVITAR

Evite que os objetos e as roupas de couro fiquem mofados passando, de vez em quando, um pano embebido em aguarrás sobre a peça.

COURO MOFADO – COMO RECUPERAR

Experimente uma das dicas a seguir:

- Primeiro, limpe a poeira e passe sobre a peça uma solução de água com vinagre branco. Deixe secar por 24 horas. Depois, friccione ligeiramente um pano com glicerina.
- Passe sobre a peça uma flanela embebida em limão.
- Manchas de mofo também podem ser removidas com vaselina. No dia seguinte, limpe com um pano macio.

ESCOVAS DE CABELO

Manter as escovas sempre limpas é fundamental para a saúde de seus cabelos e do couro cabeludo. Para lavá-las, deixe-as de molho em água morna com algumas colheres de sopa de bicarbonato de sódio.

As escovas de náilon devem ser limpas com água morna e xampu.

FECHOS DOURADOS – TIRAR MANCHAS

Use líquido polidor de metais. Veja outras dicas em METAIS (p. 49).

FECHOS E DOBRADIÇAS DE BOLSAS E MALAS – LIMPEZA

Os fechos comuns limpam-se com um algodão molhado em acetona; os dourados, com a fricção de um pano embebido em álcool ou vinagre.

FECHOS E DOBRADIÇAS DE BOLSAS E MALAS – PREVINA A FERRUGEM

Para evitar que fechos e dobradiças enferrujem, esfregue-os, ainda novos, com um pano embebido em benzina e vaselina misturadas em partes iguais. Repita de vez em quando esse procedimento. Não deixe de aplicar a mistura nos fechos de bolsas e malas que forem ficar guardadas por muito tempo.

GILETE AFIADA

Não é necessário usar uma lâmina nova a cada vez que se depilar. A gilete se conservará afiada se, logo após o uso, for lavada e guardada imersa em um recipiente com álcool.

JOIAS – LIMPEZA E CONSERVAÇÃO

A primeira regra para manter suas joias sempre bonitas é não misturá-las dentro da caixa sem antes envolvê-las em papel de seda ou em uma flanela, separadamente.

CORAL – Costuma ficar descolorido e fosco com o uso, mas recobra seu brilho se for deixado de molho em água salgada ou água do mar. Se o banho não for suficiente, esfregue levemente a peça com uma solução feita com ¼ de essência de terebintina e ¾ de óleo de amêndoas. Seque com papel de seda e deixe descansar. No dia seguinte, dê polimento com uma camurça.

BRILHANTES

Use uma das seguintes dicas:
- Deixe de molho em álcool, ponha para secar ao ar livre ou enxugue com um chumaço de algodão.

- Esfregue com creme dental. Enxágue e lustre.
- Escove com água e detergente.
- Para realçar o brilho, banhe os brilhantes em gim e seque bem.

BRILHANTES ARTIFICIAIS – Jamais deixe de molho na água fria nem use água quente. Para limpar, use apenas papel de seda bem fino.

BRILHANTES COM METAIS PRECIOSOS – Se a pedra estiver incrustada em ouro, prata ou platina, deixe-a por três minutos em água fervente com a medida de uma tampinha de limpador com amoníaco. Em seguida, retire e lave com álcool. Deixe secar naturalmente.

JADE – Limpe com cremor de tártaro umedecido. Passe um pano seco em seguida. Uma curiosidade: para saber se sua peça de jade é verdadeira, ponha-a junto do corpo. Se, em poucos instantes, ela adquirir a mesma temperatura, é verdadeira.

OURO – Mergulhe as peças em álcool. Deixe secar sobre serragem, enxugue com um pano limpo e dê brilho com camurça macia.

Em uma emergência, você pode limpar objetos de ouro não trabalhados com um pano lambuzado de batom. Depois, lustre com um pano limpo.

OURO – CORRENTES E CORDÕES – Sacuda-os dentro de uma garrafa com água e bicarbonato de sódio. Em seguida, enxágue na própria garrafa e coloque as peças sobre um pano para secar.

Outra alternativa é esfregá-los com um pedaço de tomate cru. Deixe secar e dê brilho.

MARCASSITA – Escove com creme dental. Enxágue e seque bem.

PEDRAS PRECIOSAS (ESMERALDAS, RUBIS E SAFIRAS) – Lave com água e saponáceo fino, ou simplesmente água e sabão. Seque ao ar livre. Dê polimento com pele de gamo, com exceção das esmeraldas, que não devem ser polidas, apenas esfregadas suavemente.

Quando a pedra estiver sem vida ou suja demais, coloque-a na água fria com sabão neutro, deixando ferver por uns dez minutos.

PEDRAS PRECIOSAS – FALSAS OU VERDADEIRAS?

Para saber se rubis, esmeraldas, brilhantes e pedras preciosas em geral são verdadeiras ou falsas, basta tocá-las com a língua. As verdadeiras são bem frias.

PÉROLAS – Limpe a seco com um pedaço de camurça e depois dê polimento com um pano limpo e seco. Elas ficarão bonitas e viçosas se forem expostas ao ar da beira-mar. As pérolas sem uso por longo tempo perdem o brilho. Para evitar que isso aconteça, uma vez por mês ponha seu colar no pescoço, nem que seja só para ver televisão com ele. Pérolas opacas readquirem o brilho se forem fervidas por 15 minutos em leite de vaca com sabão de coco.

PLATINA – Se não estiver muito suja, a joia pode ser simplesmente polida com camurça. Se for preciso fazer uma limpeza mais drástica, use água com gotas de amônia.

PRATA – Anéis, cordões, pulseirinhas ou objetos pequenos de prata podem ser limpos com creme dental. Depois de enxaguar e secar, dê brilho com uma flanela.

- Peças muito sujas e difíceis de limpar podem ser mergulhadas em uma solução de meia xícara de vinagre branco com 2 colheres (sopa) de bicarbonato de sódio. Tampe e deixe descansar por, pelo menos, duas horas. Depois, esfregue com uma toalha macia.
- As joias que tiverem muitos detalhes podem ficar de molho apenas em álcool. Seque com camurça.
- Anéis podem ser deixados por uma noite dentro de um chumaço de algodão embebido em azeite. Pela manhã, é só lavar.
- Joias de prata costumam manchar a pele de quem as usa. Evite o problema enxaguando-as antes de usar com um pouco de água e suco de limão.

TARTARUGA – Use polidor líquido de metais, passando, em seguida, uma flanela macia.

TURQUESAS – Jamais lave joias de turquesa com detergente. Use apenas água ou um pouco de álcool. Será suficiente para limpá-las quando estiverem muito sujas. Se perderem o seu lindo tom de azul, mergulhe-as por meia hora em amoníaco. Depois, enxágue em água corrente.

LYCRA SEMPRE BRANCA

A peça não vai amarelar depois de lavada se, logo em seguida, for deixada alguns minutos de molho em água com um pouco de bicarbonato. Deixe secar à sombra.

NÁILON SEMPRE BRANCO

Evite que essa peça fique amarelada. Antes de lavá-la, deixe-a de molho por alguns segundos em água com um pouco de fermento em pó.

SAPATO APERTADO

Para alargar um sapato, basta umedecê-lo por dentro com álcool ou água, e enchê-lo com papel amassado, também umedecido, apertando bem. Deixe assim por 12 horas. Retire os papéis e calce-o ainda úmido para que adquira a forma do seu pé.

SAPATOS CLAROS – LIMPEZA

Se o couro for claro, esfregue-o com um pedaço de batata crua. Esta é uma dica especialmente boa para os sapatos das crianças, que vivem sujos.

Os sapatos brancos ficam limpos se forem lavados com leite e sabão de coco.

SAPATOS DE CAMURÇA – LIMPEZA E CONSERVAÇÃO

Normalmente, esses sapatos devem ser limpos com uma escovinha metálica própria e em seguida com escova de borracha, sempre no sentido do pelo. Na falta dessa escova, passe um pano embebido em benzina, escovando-o novamente no mesmo sentido. Na falta das escovas, use esponja de aço nova e seca.

A maioria das manchas em sapatos de camurça é facilmente removida com um pedaço de pão branco.

Quando sujarem de lama ou barro, não os esfregue enquanto estiverem molhados. Primeiro, deixe-os secar, e só depois os escove, ou use uma lixa bem fina. Use a lixa também quando estiverem lustrosos.

SAPATOS DE COURO – BRILHO SEM GRAXA

Acredito que você não tenha graxa em casa. Mas, se quiser ter seus sapatos de couro (qualquer couro) sempre limpos e brilhantes, passe neles um produto lustra-móveis líquido, ou use spray de limpar vidros. Vão ficar tinindo.

Na falta de qualquer desses produtos, quebre o galho com cerveja. Depois de secar, não esqueça de lustrar.

SAPATOS DE CETIM BRANCO – LIMPEZA

Veja em BOLSAS DE TECIDO – LIMPEZA (p. 11).

SAPATOS DE PELICA BRANCA OU CLARA – LIMPEZA E CONSERVAÇÃO

Nada melhor para limpá-los do que uma borracha branca, dessas escolares. Esfregue em um só sentido.

Nunca use graxa sobre pelica. Para limpar ou reavivar, use vaselina.

A pelica é especialmente sensível à umidade, que a faz ficar dura e quebradiça. Se for este o caso, recupere a maciez de seu sapato passando nele um pano embebido em querosene.

SAPATOS DE TECIDO – LIMPEZA E CONSERVAÇÃO

Limpe com um pedaço de pano embebido em álcool, benzina ou gasolina. Sapatos forrados com tecido devem ser periodicamente escovados para eliminar toda a poeira.

SAPATOS DE VERNIZ – LIMPEZA E CONSERVAÇÃO

Proteja-os com produtos à base de silicone.

Sapatos de verniz não se engraxam. Para limpá-los, passe um pano úmido. Seque bem e, em seguida, esfregue uma mistura de vaselina e azeite em partes iguais. Dê brilho com uma flanela.

Para evitar que os sapatos de verniz descasquem, o que acontece depois de algum tempo de uso, unte-os com glicerina antes de guardá-los.

SAPATOS DUROS

Depois de comprado, você verificou que o couro do sapato é muito duro? Passe azeite nele!

SAPATOS – LUSTRAR SEM FLANELA

Na falta de flanela, lustre seus sapatos com uma bolinha de meia de náilon velha. O resultado é surpreendente.

SAPATOS – SOLA ESCORREGADIA

Se a sola do seu sapato novo escorrega demais, raspe-a com uma faca.

SEDA BRANCA

Se a blusa branca estiver amarelada por causa dos anos, depois de lavada e enxaguada cubra-a por alguns minutos em água com meio litro de leite.

TECIDOS FINOS – COMO CORTAR

Para cortar uniformemente um tecido fino e vaporoso, mergulhe primeiro a tesoura em uma vasilha contendo água quente.

TESOURA CEGA

Para afiar suas lâminas, pique uma lixa d'água bem fina.

VELUDO COTELÊ – LIMPEZA

Envolva a mão em papel celofane e esfregue o tecido, primeiro pelo lado avesso, depois pelo lado direito da peça. Lembre-se, porém, de esfregar sempre na mesma direção.

VESTIDOS DE VELUDO

Ficarão com aspecto de novos se forem pendurados próximos ou sobre uma banheira contendo água bem quente. O vapor fará com que o veludo se renove e o vestido ficará esticadinho como se tivesse sido passado a ferro.

ZÍPER EMPERRADO

Esfregue sobre ele (perto da alça) um sabonete novo e seco. Você também pode passar um lápis preto comum (nº 2), riscando para baixo e para cima, forçando em seguida o gancho para a frente e para trás, até que comece a correr.

BELEZA

Reserve um tempo só para você

Os produtos mais sofisticados, os tratamentos mais milagrosos, clínicas que prometem a beleza eterna, tudo isso já existe. Só não descobriram ainda de onde tirar tempo e dinheiro para se dedicar a todas as maravilhas cosméticas do mundo moderno.

Não há motivo para desanimar. Tudo o que você precisa para ficar bonita está dentro da sua casa, ao seu alcance e na hora que for mais conveniente.

CABELOS

SUJOS

O ideal é lavá-los. Mas, se não houver tempo, pulverize as raízes e o couro cabeludo com talco e, em seguida, escove vigorosamente os cabelos. Parecerá que você acabou de sair do banho.

LUA – INFLUÊNCIA NOS CORTES

Corte os cabelos na lua cheia, se eles forem ralos; na quarto crescente, se demoram muito a crescer; na nova, se eles estão caindo demais.

ROSTO

BATOM NO CALOR

Deixe seu batom por algum tempo na geladeira, antes de aplicá-lo. Ele fixará melhor. Esta dica é especialmente útil para dias quentes.

MAQUIAGEM DURADOURA

Alguns truques para preparar seu rosto antes da maquiagem:

- Lave o rosto com água bem gelada (se for água mineral, melhor) e seque com papel absorvente.

- Passe uma pedra de gelo por todo o rosto e enxugue com papel absorvente.

Qualquer um dos dois procedimentos trará como resultado uma maquiagem mais fixada.

MAQUIAGEM DOS OLHOS

Quando passar rímel, mantenha a boca entreaberta. Assim, seus olhos não piscarão tanto.

OLHEIRAS

Elimine as olheiras aplicando sobre elas uma papa bem gelada, feita com batatas-inglesas raladas. Enquanto espera que as compressas façam efeito, aproveite para relaxar. Em 15 minutos as olheiras estarão reduzidas.

OLHOS CLAROS E BRILHANTES

Compressas bem frias de chá preto, de camomila ou mate são descongestionantes e deixam seus olhos com ótimo aspecto.

CORPO

BANHOS

Escolha o tipo de banho de acordo com o horário. Os tomados pela manhã devem ser revitalizantes. À noite, prefira os relaxantes.

Veja a seguir alguns tipos de banho:

- Cansaço – Ponha meio quilo de sal grosso na água da banheira. Evite molhar o pescoço, o rosto e a cabeça, pois o sal poder escamar a pele.
- Depressão – Tome um bom banho de mar. Na impossibilidade de ir à praia, faça um banho de imersão com água iodada.
- Flacidez – Fuja da água quente. Tente tomar banhos mais frios e coma bastante gelatina. Seja persistente.
- Insônia – Banhos de imersão mornos ajudam a chamar o sono. Mas seu efeito será ainda melhor se adicionar à água uma infusão concentrada de camomila.
- Luxuoso – Sinta-se como Cleópatra mergulhada em um banho de leite. Basta diluir na água 20 colheres de sobremesa de leite em pó integral.

MÃOS

CHEIROS

Para cada cheiro, há um jeito. Veja só:

- Água sanitária – leite, borra de café ou vinagre.
- Alho, cebola, água sanitária – aperte uma colher de aço inoxidável sob a torneira aberta.
- Alho, cebola – esfregue as mãos com açúcar.
- Benzina, gasolina – esfregue as mãos com sal umedecido; em seguida, lave com água e sabão.
- Peixe, cebola – depois de lavar as mãos, salpique-as, ainda úmidas, com bicarbonato; esfregue bem e enxágue.

CUTÍCULA INFLAMADA

Se a manicure tirou um bife do seu dedo e a unha inflamou, ficou dolorida ou rachada, massageie o local com azeite de oliva.

ESFOLIAÇÃO CASEIRA

Lave as mãos, normalmente, com sabonete. Quando obtiver bastante espuma, ponha um pouco de açúcar entre as mãos e esfregue uma contra a outra. Depois, enxágue.

Esfregue borra de café nas palmas das mãos e depois enxágue. Além de amaciá-las, elimina o cheiro de alho e cebola.

ESMALTE – CONSERVAÇÃO

Seu esmalte se conservará melhor e por mais tempo se, depois de aberto, for guardado na geladeira.

ESMALTE – TAMPA GRUDADA

Vire o vidro de cabeça para baixo e pingue acetona na junção da tampa.

HIDRATAÇÃO

Quando tiver mamão verde em casa, aproveite o leite que escorre dos cortes que você fez na casca. Ele é ótimo para amaciar e hidratar as mãos.

UNHAS NA LUA CERTA

Antes de cortar as unhas, consulte o calendário para verificar a fase da lua. Para ter unhas fortes, evite cortá-las na lua minguante.

PERNAS

TORNOZELOS INCHADOS

Aplique uma compressa de água vegetomineral, encontrada em qualquer farmácia. Descanse com as pernas em posição mais alta do que o restante do corpo.

PÉS

CANSADOS

- Mergulhe os pés em uma bacia cheia de água quente e 2 colheres de sopa de vinagre.
- Se preferir, substitua por uma salmoura quente, preparada com um punhado de sal dissolvido na água.

- Outra alternativa é mergulhar os pés por alguns minutos em água quente com sabão. Em seguida, ponha-os sob um jato forte de água fria e friccione-os com uma escova macia.

CALOS

Para exterminá-los, amasse um dente de alho com óleo de oliva quente, formando uma papa. Aplique-a sobre o calo e envolva com gaze. Repita diariamente, até o calo secar.

TRANSPIRAÇÃO E ODOR

Quem sua muito nos pés deve tomar as seguintes precauções:

- Troque diariamente os sapatos, porque o couro demora muito a secar; jamais use sapatos de material sintético.
- Tire as meias sempre que for possível.
- Pulverize os pés e o interior dos sapatos com talco ou desodorante em spray.
- Evite os talcos à base de bórax, que tendem a agravar o problema.

- Enxague os pés com uma mistura de água e bicarbonato de sódio.
- Lave os pés todas as noites com água morna e depois os friccione com álcool iodado ou canforado.
- Use diariamente polvilho antisséptico. É fácil e eficaz.

LAR DOCE LAR

Cuidados e manutenção

Há quem sustente que a famosa crise dos cinco anos, ponto final de tantos casamentos, é, na realidade, uma crise da casa. Com cinco anos de uso, a geladeira está pifando, as portas estão encardidas, o liquidificador, quebrado, o mármore da pia parece ter saído de uma demolição. É a hora em que o lar doce lar se transforma no castelo da bruxa e as juras de amor se transmutam em pragas. Altamente democrática, a crise dos cinco anos atinge também solteiras e descasadas. Como resultado de um encantamento ao contrário, nosso adorável ninho de conforto vai ficando cada vez mais parecido com o borralho da Cinderela.

Os sintomas do desgaste são muitos e, com certeza, você os conhece bem. Só não sabia que era tão fácil e rápido corrigi-los. Mais eficazes do que uma varinha de condão, os truques aqui apresentados vão fazer milagres pela sua casa.

LIMPEZA E RECUPERAÇÃO

ABAJUR – CÚPULAS DE PERGAMINHO

Remova as manchas com uma borracha macia. Se houver poeira, retire-a com um pano macio. Em seguida, esfregue a superfície com álcool e enxugue com uma flanela limpa e seca. Pronto, ficará como novo.

ALMOFADAS DE COURO – LIMPEZA

Use um pedaço de camurça molhado em benzina para fazer a limpeza. Deixe secar ao ar livre.

AZULEJOS

Há várias maneiras de limpar azulejos:

- Limpe com um pano e álcool.
- Depois de lavados com água e sabão, esfregue-os com querosene. Além de dar brilho, o querosene também afasta insetos.
- Embeba um pano na solução de 2l de água para uma colher de amoníaco líquido e esfregue. Esta solução serve também para azulejos de cozinha.

- Lave-os com água misturada a um pouco de amido de milho. Além de os azulejos ficarem brilhantes, o aspecto das juntas ficará bem melhor.

CANOS ENTUPIDOS – COMO EVITAR

Para livrar os canos de gorduras acumuladas, despeje dentro deles, de vez em quando, a borra do café. Em seguida, jogue água fervendo.

CANOS SEM CHEIRO

Algumas gotas de essência de terebintina nos canos do tanque ou da pia de cozinha eliminam completamente o mau cheiro.

CHÃO DE LAJOTAS

Com o tempo, a cera deixa esse tipo de assoalho encardido. Mas você pode limpá-lo facilmente. Basta passar um pano molhado em solução de vinagre e refrigerante de cola. Espere secar bem antes de encerar.

COCÔ DE MOSCA

Sai facilmente se você passar no local uma cebola cortada ao meio. Se a sujeira persistir, friccione com uma solução de água e vinagre.

ESPELHOS BRILHANTES

Prepare uma solução de água com amido de milho. Esfregue a mistura na superfície, deixe secar e, depois, passe um pano seco e limpo.

ESPELHOS MANCHADOS

Muito comuns em casas à beira-mar, as manchas saem com facilidade se forem esfregadas com o mesmo líquido que você usa para dar polimento no carro.

ESTOFADOS DE COURO

- Para limpar sofás, poltronas e pufes forrados com couro, esfregue-os com clara batida em neve ou água com vinagre. Em seguida, passe uma flanela limpa e seca.

- Esses estofados podem ainda ser limpos com água e sabão de coco.

ESTOFADOS DESBOTADOS

Antes de pensar em trocar a fazenda de sua poltrona porque está desbotada, experimente esfregar sua superfície com uma escova molhada com a seguinte mistura: 2 colheres de sopa de amoníaco, 2 colheres de sopa de vinagre branco e um litro de água morna. Deixe secar naturalmente.

GANCHOS DE CORTINA ENFERRUJADOS

Coloque-os em uma vasilha com um pouco de amoníaco e deixe de molho por meia hora.

Depois, agite com um pedaço de madeira, jogue fora o amoníaco e espere que sequem bem. Ficarão como novos.

GELADEIRA – LIMPEZA EXTERNA

Se a parte externa da geladeira estiver amarelada, esfregue-a com um pano embebido em água sanitária e em seguida dê polimento com flanela seca e cera incolor.

GELADEIRA – LIMPEZA INTERNA

Sempre que lavar ou limpar internamente as paredes da geladeira, use apenas bicarbonato de sódio diluído em água. Além de limpar, a mistura elimina todos os odores.

LADRILHOS

ENVERNIZADOS OU VITRIFICADOS – Passe um pano com vinagre quente e lave em seguida com água morna. Enxágue com água fria. De vez em quando, passe um pano molhado em querosene. Além de limpar, dá brilho e afasta os insetos.

LAJOTAS E CERÂMICAS PRETAS – Ficam brilhantes se forem limpas com líquido para limpar vidros.

POROSOS – Não use água para lavar este tipo de ladrilho. Passe óleo de linhaça sobre eles e depois dê brilho com um pano de lã seco.

MANCHAS DE VERNIZ, CIMENTO E GESSO – Esfregue-as com um pano embebido em essência de terebintina. Enxágue bem com água morna. Finalize com água fria.

LAQUEADOS

Esses móveis (assim como os pintados) podem ser limpos com uma massa feita de farinha de trigo e vinagre. Passe no móvel e limpe com uma esponja úmida.

LOUÇA SANITÁRIA – BRANQUEAMENTO

- Para remover o amarelado de pias e banheiras velhas, lave-as com uma solução forte de cloro.
- Se estiverem encardidas, esfregue um pedaço de limão e lave em seguida.
- Se estiverem muito encardidas, umedeça o local amarelado e, em seguida, esfregue limão. Deixe por meia hora. Depois, é só esfregar com uma pasta ou sabão e palhinha de aço. Enxágue bem.
- De modo geral, é possível clarear a louça sanitária com água, sabão e um pouco de bicarbonato de sódio.

LOUÇA SANITÁRIA – PARA DAR BRILHO

Esfregue com um pano embebido em vinagre branco.

LOUÇA SANITÁRIA – REMOÇÃO DE MANCHAS DE FERRUGEM

Para tirar as manchas de ferrugem formadas pelo pingar constante da torneira, use um pincel ou chumaço de algodão molhado em água oxigenada e passe com suavidade e paciência sobre as manchas até que desapareçam. Não adianta ter pressa nem esfregar com força.

PATINADOS

Para limpá-los, use uma esponja molhada em clara de ovo batida e levemente salgada. Depois, enxágue com água pura e enxugue bem.

PLÁSTICO DERRETIDO EM ELETRODOMÉSTICOS

Torradeiras, forninhos elétricos e sanduicheiras são vítimas frequentes dos pedaços de plástico que aderem à superfície aquecida. Para removê-los sem arranhar o aparelho, basta usar fluido de isqueiro ou removedor de esmalte de unhas. Mas atenção: só faça este tipo de limpeza com o aparelho desligado, fora da tomada e totalmente frio.

MÁRMORES

- A melhor coisa para limpar, tirar manchas e dar brilho ao mármore é a parafina. Esfregue com uma flanela macia.
- As placas de mármore (como as de cozinha) ficam claras e brilhantes se forem esfregadas com sal e limão.
- Com uma pasta de gesso e água pode-se limpar qualquer piso, parede, tampo ou peça de mármore.
- Para clarear pias, banheiras ou tampos de mármore manchados, polvilhe com sal fino, molhe com água oxigenada de 20 volumes e deixe por algum tempo. Esfregue então com uma escovinha e enxágue com água pura.

METAIS

AÇO – Esses objetos enferrujam com facilidade, principalmente nos lugares úmidos. Limpe-os antes que percam o brilho. Mas, se isso acontecer, faça uma pasta de miolo de pão e azeite de oliva bem misturados, passe por uma peneira e esfregue até o brilho voltar completamente.

AÇO INOXIDÁVEL – Remova as manchas desses objetos esfregando um pano embebido em solução fraca de água e amônia.

BRONZE DOURADO – Tome cuidado, porque esses objetos não resistem à limpeza com produtos químicos comuns. Lave-os com uma escova metálica, usando água quente com sabão, vinagre ou amônia, tendo o cuidado de enxaguar bem depressa. Em seguida, dê polimento com pano de lã.

- Suco de limão clareia qualquer peça de bronze, mesmo as cinzeladas. Enxágue bem e passe álcool para dar mais brilho.
- Quando a peça estiver muito suja, limpe-a primeiro com querosene.
- A água em que se cozinhou o feijão-branco, sem sal, pode ser usada na limpeza do bronze. Depois de enxaguá-lo, dê polimento com um pano seco.
- Esfregue a peça com um pano embebido em vinagre tinto, quente, e enxugue com um pedaço de camurça.

COBRE – Esfregue a peça com qualquer uma das seguintes misturas:

- Pasta consistente de vinagre, sal e fubá.
- Limão e saponáceo em pó.
- Pasta rala de limão ou vinagre com sal, aplicada sobre uma esponja de aço.
- Sobras de tomate maduro, ou até mesmo massa de tomate.
- Batata crua descascada.
- As manchas de azinhavre desaparecem se a peça for mergulhada por algumas horas em vinagre fervente com sal de cozinha.
- As peças ficam mais brilhantes se forem limpas com um pano embebido em leite e sal fino.

CROMADO – Use apenas água morna. Depois de enxugar, esfregue com pano seco e macio.

DOURADO – Se objetos ou molduras douradas estiverem perdendo a cor por causa da poeira acumulada, faça uma mistura com meio litro de água morna, uma colher de sopa de sabão em pó e uma colher de sopa de amoníaco. Com uma esponja, passe essa mistura nas partes afetadas, sem esfregar. Depois, lave com água pura e enxugue cuidadosamente com um pano.

- Para a limpeza comum de metais dourados (de banheiro, pias, maçanetas etc.), misture limão, água e vinagre em partes iguais e esfregue sobre a peça. A mistura pode ser substituída por água, sabão e álcool.

- Frisos dourados podem ser levemente friccionados com algodão embebido em álcool. Se as manchas forem grandes, passe essência de terebintina.

Caso o problema persista, veja outros procedimentos em LATÃO, p. 54.

DOURADOS TRABALHADOS – LIMPEZA PROFUNDA

Para remover os resíduos de produtos de limpeza que ficam entranhados na peça, prepare a seguinte mistura:

Bata no liquidificador dois limões inteiros e uma colher de sopa de sal. Acrescente água suficiente para cobrir a peça. Deixe-a de molho na mistura por duas horas. Enxágue bem. Use o restante da mistura para esfregar com esponja as áreas onde os resíduos são mais persistentes. Enxágue novamente e deixe a peça de molho em água fria por duas horas, para evitar a oxidação do limão no metal. Deixe secar bem.

Nota: Este procedimento serve para a limpeza profunda de cobre, bronze, latão ou qualquer outro metal dourado.

ESMALTADOS DE BRANCO – Para evitar que fiquem amarelados, limpe de vez em quando com álcool puro.

ESTANHO

Use um dos procedimentos a seguir:

- Mergulhe os objetos durante uma hora em solução de água quente e sabão dissolvido.
- Limpe com gasolina ou querosene, em seguida, passe uma camurça.
- Esfregue energicamente com cerveja quente.
- Esfregue com cuidado toda a superfície com pó de giz.
- Ferva o objeto em água e rodelas de cebola.
- Esfregue as peças com folhas de repolho cru.

FERRO

Para tirar a ferrugem, siga as sugestões a seguir:

- Mergulhe a peça em gasolina e esfregue até a ferrugem desaparecer.

- Esfregue a peça com esponja de aço, ou com escova de cerdas metálicas.
- Mergulhe os objetos em uma solução de sabão em pó.
- Para dar brilho nesses metais, encere ou envernize com verniz transparente, à base de acetona.

LATÃO – Além dos procedimentos para metais dourados, use molho inglês para dar polimento. Evite que a peça perca o brilho friccionando-a periodicamente com azeite de oliva.

METÁLICAS EM GERAL – Limpe chaves, maçanetas e torneiras metálicas esfregando apenas um pouco de cinza de cigarro. Para evitar que esses objetos fiquem manchados ou engordurados, passe uma camada de esmalte transparente sobre eles. Seu polimento durará por muito tempo.

NIQUELADOS – Limpe com vinagre e álcool em partes iguais. Deixe secar e passe vaselina pura. Se a peça estiver muito suja, esfregue-a com uma pasta feita de água, giz e sabão.

VERMEIL – Esses objetos (prata coberta com uma camada de ouro) devem ser limpos apenas com álcool puro. Se estiverem manchados, esfregue-os com um pouco de sabão de coco e branco de espanha (carbonato de cálcio). Lave, enxugue bem e dê brilho com camurça.

Para outras sugestões, veja OURO, p. 21.

PRATA – CONSERVAÇÃO E ARMAZENAGEM

Para evitar a oxidação de objetos de prata, limpe-os bem. Embrulhe as peças que estão fora de uso em papel-alumínio, papel de seda ou papel-jornal. Além disso, observe que:

- Para perfeita conservação, todos os objetos devem ser polidos depois de limpos.
- Depois de lavados, os utensílios usados à mesa devem ser enxaguados com água quente. Os que servirem para adorno podem ser protegidos com uma camada de verniz incolor, própria para metais.
- Pratas não devem ser guardadas perto de cobertores, pois o enxofre que há na sua composição ataca o metal.

PRATA – LIMPEZA E RECUPERAÇÃO

Veja qual é o seu caso:

- Peças riscadas pelo uso ficarão perfeitas se forem esfregadas com cremor de tártaro (que se usa na cozinha) umedecido com azeite de oliva. Lave e enxugue bem em seguida.
- Para devolver o brilho de um objeto escurecido por ovo, esfregue suco de limão ou vinagre.
- Para tirar os pingos de vela derretida que ficaram grudados nos castiçais, não use faca (que risca), nem ponha fogo (desgasta o metal). Simplesmente jogue sobre os pingos água fervente e esfregue com um pano.
- Quando o leite talhar, aproveite-o para limpar algumas peças de prata, mergulhando-as nele por uma hora. Depois, é só lavar.
- Outra receita doméstica: dê brilho às suas pratas com as sobras de purê de batata.

PRATA TRABALHADA – LIMPEZA

Para dissolver a sujeira mais difícil, ferva água com um ou dois copos de vinagre branco. Mergulhe o objeto nessa solução. Tampe e deixe de molho até que esfrie. Depois, enxágue bem.

MOLDURAS E ESQUADRIAS DE ALUMÍNIO – MANUTENÇÃO

Para mantê-las sempre como novas, aplique, uma vez por mês, uma mistura de óleo (de máquina ou de cozinha) e álcool em partes iguais; depois é só passar um pano macio e flanela.

MOLDURAS E ESQUADRIAS DE ALUMÍNIO – RECUPERAÇÃO

Se estiverem velhas e com aspecto ruim, experimente esfregá-las com o mesmo produto que você usa para limpar a prataria. Em seguida, friccione uma flanela. Ficarão como novas.

MÓVEIS ENVERNIZADOS

Depois de lustrá-los, polvilhe um pouco de amido de milho sobre os móveis e esfregue com uma flanela. Além de ficarem mais brilhantes, as marcas de dedos desaparecerão.

PAREDES

Quando lavar as paredes, não deixe de acrescentar à água um pouco de farinha de trigo; verá que, ao enxaguá-las, a sujeira sairá mais facilmente.

PAREDES BRANCAS

Por mais suja que esteja, sua parede branca vai ficar limpinha se for lavada com água e sabonete verde de banho.

PIAS DE AÇO INOX

Para conservá-las limpas, brilhantes e sem manchas, siga alguma destas dicas:

- Jamais deixe-as molhadas, a umidade provoca manchas.
- Limpe-as sempre com álcool.
- Para remover manchas, esfregue fluido de isqueiro.
- Para dar brilho, esfregue a superfície com vinagre branco, seque e passe uma flanela.

- Para que fiquem brilhantes como novas, depois de limpas e secas, friccione a superfície com produto para limpar prata e lustre com flanela.

PORTAS LIMPAS

- Portas pintadas com esmalte ficarão limpas se forem esfregadas com uma batata cortada ao meio.
- Portas pintadas com tinta a óleo ficarão limpas e sem manchas se forem esfregadas com um produto para limpar móveis.

QUADROS A ÓLEO

Não é difícil limpá-los. Corte uma batata ao meio e passe de leve sobre a tela. Na medida em que a batata for sujando, vá cortando uma fatia e prossiga com a limpeza.

- Quadros antigos, cujo verniz está ressecado, ou aqueles mais expostos à maresia, podem ser limpos com um pano macio umedecido com azeite de oliva. Após a limpeza, deixe secar naturalmente.

SINTECO – CONSERVAÇÃO

- Nada mais simples e econômico para manter seu sinteco limpo do que passar um pano molhado (torcido) em chá preto frio por todo o piso.
- Para limpá-lo diariamente, use apenas um pano úmido.

TAPETES PERSAS

A poeira que se deposita no fundo dos pelos é difícil de tirar, mesmo com o auxílio do aspirador. Periodicamente, faça uma limpeza profunda em seu tapete da seguinte maneira: estenda o tapete no chão, pelo avesso. Com uma tampa de panela, bata vigorosamente por toda a sua extensão. Desta forma, a poeira sairá com facilidade.

VIDRAÇAS

A mistura de vinagre com água é ótima para limpar vidraças; não risca e dá um brilho insuperável.

MANCHAS

NO ASSOALHO

Para cada tipo de mancha, uma solução. Veja a seguir:

ÁGUA – Cubra com óleo de linhaça ou cera amarela e deixe por algumas horas.

GORDURA (MANCHA RECENTE) – Jogue água fria ou gelada para que a gordura não penetre. Limpe bem. Depois de removida a gordura, jogue água bem quente com detergente.

GORDURA (MANCHA ANTIGA) – Esfregue bem com gasolina.

OVO – Cubra a superfície com sal enquanto ainda está úmida. Deixe secar e passe a vassoura de piaçava.

TINTA A ÓLEO – Passe aguarrás ou solvente. Também pode esfregar palha de aço no sentido da madeira.

VINHOS E FRUTAS – Lave o local com água e detergente. Em seguida, enxágue e enxugue bem. Se for necessário, passe palha de aço bem fina, encere e lustre.

EM COURO

De modo geral, as manchas em couro podem ser removidas com uma mistura de ⅓ de glicerina e ⅔ de álcool.

- Tinta esferográfica – Passe, com delicadeza, álcool ou removedor de cutículas sobre a mancha.

EM MÁRMORE

FERRUGEM – Esfregue suco de limão na parte manchada e aplique por cima um pouco de sal. Deixe descansar por 15 minutos e friccione levemente com esponja de aço e sabão de coco.

GORDURA – Esfregue sobre a mancha um pano engordurado.

LIMÃO – O limão ou o ácido acético, quando caem no mármore antigo (o legítimo), deixam uma mancha esbranquiçada, dificílima de remover. No entanto, se você esfregar sobre ela um pano macio embebido em azeite, a nódoa sumirá.

MANCHAS EM GERAL – Use vinagre.

MANCHAS NO MÁRMORE BRANCO – Use água oxigenada.

EM MÓVEIS ENCERADOS

ÁGUA – Passe um pano embebido em querosene ou azeite. Quando a mancha sumir, passe um pedaço de lã sobre o local.

BULE QUENTE – Aplique um pano embebido em polidor de prata, em movimentos circulares, até que a mancha desapareça. Depois, passe cera comum no móvel todo.

COPOS – Esfregue um pano bem seco com bicarbonato e o brilho voltará.

COLA – Para tirar as manchas de cola dos móveis use creme de limpeza facial.

GORDURA – Use algodão embebido em aguarrás.

TINTA – Esfregue sobre a mancha uma mistura de álcool e vinagre em partes iguais. Depois de seco, lustre com flanela.

EM MÓVEIS ENVERNIZADOS

BEBIDA – Passe sobre o local um pouco de borra de café úmida.

FÓSFORO ACESO – Passe sobre a mancha uma flanela umedecida em água fria e, em seguida, aplique óleo para móveis.

MARCAS DE COPOS – Se ainda estiverem frescas, podem ser atenuadas com azeite, mas, de maneira geral, só desaparecem com a restauração do verniz.

EM TAPETES

VINHO, CERVEJA, LICOR ETC. – Limpe com cuidado o local com uma solução de água morna e sabonete ou sabão em pó fino. Depois, passe água limpa (se possível, lave), deixe secar e escove.

CAFÉ OU CHOCOLATE – Enxugue rapidamente e passe um pano molhado em água quente sobre a mancha. Se não sair, esfregue gelo pacientemente, tendo antes o cuidado de forrar o avesso do tapete com um pedaço de pano.

DOCES E AÇÚCAR – Esfregue sobre a mancha uma esponja molhada em solução de água e álcool.

ESMALTE DE UNHAS – Use, com cuidado, acetona ou removedor de esmalte.

FRUTAS OU VINHO – São removidas com álcool ou vinagre branco. Também é possível usar suco de limão.

GOMA DE MASCAR – Embrulhe um cubo de gelo em uma toalha de papel e deixe-o sobre o local durante cinco minutos. Endurecida, a goma se soltará do tapete.

MERCUROCROMO – Aplique água oxigenada até que a mancha desapareça.

SANGUE – Esfregue por alguns minutos uma pedra de gelo, tendo o cuidado de forrar o tapete com um pano ou papel absorvente.

TINTA DE PAREDE – Comprima a mancha, sem esfregar, com um pano embebido em querosene. Não utilize água.

URINA – Lave imediatamente com água quente e sabão em pó. Depois de seca, é quase impossível de ser removida.

VELA – Não raspe. Cubra a mancha com papel absorvente e passe o ferro quente por cima. Enquanto ainda estiver quente, jogue talco sobre os restos. Deixe descansar por algumas horas e depois passe o aspirador.

VERNIZ – Toque levemente a mancha com um pano embebido em terebintina. Não use água. Depois de retirada a mancha, cubra o local com talco e deixe por algumas horas. Passe então o aspirador.

VÔMITO – Primeiro, retire o que puder com a ajuda de um pano ou uma pá. Depois, limpe o tapete com uma mistura de água e amoníaco ou, então, com leite.

EM TECIDOS

- Sempre que for tirar uma mancha aplicando ou esfregando produtos, coloque um pano seco do lado avesso, bem embaixo do local afetado, para absorver o líquido, facilitando assim a sua retirada.
- Sempre que encontrar dificuldade para remover uma mancha que não tenha sido provocada por gordura, esfregue pacientemente o local com uma pedra de gelo.

MANCHAS DIFÍCEIS – Essas manchas, que parecem um bicho de sete cabeças, se dissolvem facilmente, principalmente se o tecido for de cor clara. Basta aquecer um pouco de glicerina e esfregar com uma esponja, deixando descansar por cinco minutos. Enxágue com água fria e um pouco de álcool.

MANCHAS NÃO ESPECIFICADAS – Aplique uma mistura de amoníaco, éter, vinagre e aguarrás.

Mas se o tecido for fino, não tente limpá-lo em casa; é sempre mais seguro e garantido usar a lavagem a seco.

OUTRAS MANCHAS EM TECIDOS

ALCACHOFRA – Passe limão sobre a mancha.

AMEIXA – Molhe imediatamente com água e aplique amido de milho em pó sobre a mancha, até secar bem. Depois, escove o tecido.

BANANA E CAJU – Quando a mancha for recente, basta esfregar um pouco de querosene. Outra alternativa é usar uma papa de água e bicarbonato e expor o tecido ao sol, tendo o cuidado de manter a pasta sempre molhada até que a mancha desapareça.

BATOM – Se for recente, deixe o tecido de molho em um pouco de leite quente e depois vá esfregando sabão de coco, usando esse mesmo leite. Quando a mancha sumir, lave com água corrente. Outra dica é umedecer a parte manchada e, em seguida, aplicar bicarbonato de sódio, esfregando delicadamente.

BEBIDAS ALCOÓLICAS – Esfregue com éter e enxágue com água.

BOLOR – Ferva o tecido em água com um pedaço de couro de bacalhau, ou então use a própria água em que o bacalhau foi fervido.

CAFÉ – Lave imediatamente com água bem quente e fortemente salgada. As manchas antigas são removidas com um pano molhado em glicerina. Depois de meia hora, lave com água quente e sabão. Outra alternativa é esfregar a mancha com um pano embebido em álcool e vinagre branco.

CAFÉ COM LEITE – Água e sabão; se não sair, use água oxigenada.

CARVÃO – Esfregue o tecido com miolo de pão fresco.

CERVEJA – Estique o tecido sobre uma vasilha funda e despeje água fervente sobre a mancha. Depois, esfregue glicerina e enxágue com água morna. Outra alternativa, especialmente apropriada para uso em seda e sintéticos, é passar sobre a mancha um algodão embebido em álcool. Em seguida, lave com água morna e sabão em pó.

CHÁ – Experimente uma das seguintes alternativas: lave com água morna e sabão; remova a mancha com água oxigenada ou aplique glicerina na mancha antes de lavar a roupa normalmente.

CHOCOLATE – Pode-se usar os mesmos procedimentos de CERVEJA ou de CAFÉ.

COLA – Deixe de molho por algum tempo em água fria ou quente.

DOCES E CALDAS – Lave apenas com água quente.

ESMALTE DE UNHAS – Use acetona ou removedor de esmalte. Se o tecido for fino, passe água oxigenada e depois água e sabão.

FERRO DE PASSAR (QUEIMADO) – Se a mancha for muito suave, molhe o tecido em água e leve-o ao sol.

Se o amarelado estiver muito pronunciado, coloque a parte manchada sobre uma toalha felpuda e passe um chumaço de algodão embebido em água oxigenada 10 volumes; depois, lave com água pura. Outra alternativa é esfregar amido de milho na área afetada e deixá-la sob o sol por algumas horas.

FERRUGEM

Escolha um dos seguintes procedimentos:

- Aplique sal e suco de limão no local, expondo o tecido ao sol.
- Corte um limão ao meio. Coloque o limão sobre a mancha e passe o ferro quente sobre ela. Lave em seguida.
- Passe sobre a mancha uma mistura de suco de limão e uma colherzinha de bicarbonato.

FRUTAS – As manchas de qualquer fruta (em qualquer tipo de tecido) podem ser removidas com uma esponja embebida em água fria e pura e, em seguida, esfregue a mancha com glicerina, deixando assim por algumas horas. Umedeça o local com algumas gotas de vinagre branco deixando também ficar por alguns minutos. Finalmente, enxágue com água fria.

Se a mancha de fruta for recente, ponha um pouco de sal sobre ela antes que seque. Depois, estique a parte manchada sobre uma vasilha funda e derrame água fervendo, à qual se acrescentou uma colher de sopa de amoníaco ou de álcool, deixando o líquido atravessar o tecido. Enxágue em água fria.

Experimente também usar leite azedo, suco de limão fresco ou vinagre branco forte.

Para retirar manchas antigas de frutas molhe o tecido e torça-o bem. Pegue uma pedra de enxofre e coloque-a sobre uma brasa; estenda o lugar manchado do tecido um pouco acima dessa pedra, de maneira que a mancha receba a fumaça. Espere alguns minutos. Você verá como em pouco tempo a mancha vai desaparecer. Em seguida, lave normalmente.

Este procedimento faz desaparecer qualquer mancha de frutas, em qualquer tecido.

FRUTAS GORDUROSAS – Use água quente e sabão em pó. Repita a lavagem quantas vezes forem necessárias até que as manchas desapareçam por completo.

FRUTAS VERMELHAS – Lave com uma solução de vinagre e álcool em partes iguais.

GORDURAS E ÓLEOS – Éter, benzina e gasolina são ótimos removedores de gorduras. Mas, se puder limpar a mancha enquanto ainda estiver fresca, tente algum dos seguintes procedimentos:

- Lave o tecido imediatamente com água quente e detergente.
- Esfregue um pedaço de cebola, colocando um pano por baixo da mancha. Em seguida, lave com água fria.
- Ponha bastante talco sobre a mancha, deixando por muitas horas. Depois, escove e esfregue com um pano limpo embebido em água quente.

GRAMA – Esfregue a mancha com álcool.

GRAXA – Retire o excesso com uma lâmina. Em seguida, dilua a mancha com uma substância gordurosa e passe benzina.

GRAXA DE SAPATO – Use água sanitária com água oxigenada.

INSETOS – Dilua a mancha com água fria ou morna; em seguida, com amoníaco e água pura.

IODO – Deixe o tecido de molho em leite fervido até que esfrie; em seguida, lave com água e sabão. Você também pode aplicar um pouco de água com bicarbonato de sódio.

JABUTICABA – Esfregue um pano embebido com água oxigenada e enxágue em água corrente.

LAMA – Primeiro lave com água fria; depois, enxágue rapidamente com água avinagrada. Se a lama estiver sobre um impermeável, misture água quente e vinagre, em partes iguais, e esfregue no lugar manchado. Se estiver em tecido escuro, espere que seque e escove com uma escova áspera. Se ainda assim restar algum vestígio da mancha, friccione uma batata crua cortada ao meio, até que desapareça completamente.

LEITE – Esfregue terebintina e éter. Depois, lave com água pura.

Nos tecidos de seda essas manchas são removidas com essência de baunilha.

LICOR – Manchas recentes saem com água fria. Para as mais resistentes, use a solução de água fria e álcool em partes iguais. Em seguida, esfregue glicerina, deixando ficar mais ou menos por meia hora. Enxágue.

LIMÃO – Para manchas que desbotam o tecido, umedeça o local com água e amoníaco. Ou então mantenha por alguns instantes a parte desbotada sobre uma garrafa de amoníaco aberta.

MANTEIGA – Nos tecidos brancos, passe uma escovinha com benzina; nos coloridos, água morna e sabão.

MERCUROCROMO – Friccione a parte manchada com um algodão embebido em água oxigenada ou água sanitária até sair toda a mancha.

MOFO – Para manchas parecidas com pontinhos pretos, experimente colocar a peça de molho em água bem quente com sal, deixando-a mergulhada até que esfrie. Em seguida, leve ao sol, colocando sumo de limão e sal sobre cada mancha, e deixando por muitas horas. Lave normalmente.

Outras dicas:

- Se o mofo for avermelhado, mergulhe o tecido em água com um punhado de fubá. Leve ao fogo e deixe ferver por algum tempo. Depois, enxágue e exponha ao sol para quarar. Enxágue novamente e ponha para secar.

- O mofo em roupa branca sai facilmente se for fervido em uma solução de 5l de água e 5g de amoníaco.
- Em tecidos coloridos, basta mergulhar a parte afetada em leite fervido. Em seguida, lave o local com água morna e vinagre branco.
- Tecidos tropicais e de lã devem ser expostos ao sol. Quando a peça estiver bem quente, escove-a com uma escova umedecida em álcool, dos dois lados. Em seguida, passe com ferro quente, protegendo o tecido com outro pano.

Ver também BOLOR, p. 68.

MOSCAS – Lave a mancha em água destilada misturada com álcool.

NICOTINA – Use suco de limão. Basta pingar algumas gotas e friccionar com um pano. Depois, enxágue em água corrente.

NITRATO DE PRATA – Esfregue com água fria salgada.

ÓLEO DE MÁQUINA – Esfregue um pano molhado em mistura de água com amônia. Enxágue.

OVO – Jamais use água quente. Lave com água fria e sabão. Experimente também usar uma pasta de água e sal.

PLANTAS VERDES – Passe álcool e lave com água e sabão.

PÓ DE ARROZ – Em roupa escura, basta friccionar a mancha com um pano embebido em café frio (sem açúcar).

RESINA – Passe um algodão embebido em terebintina ou benzina retificada.

SANGUE – Nunca tente lavar sangue com água quente, pois o calor fixa a mancha. O melhor método, seja para manchas frescas ou já secas, é esfregar uma pedra de gelo até que o tecido fique limpo. Mas se a mancha for recente, pode ser lavada com água fria e sabão. Se ela persistir, empregue água oxigenada de 20 volumes. Em seguida, enxágue com água corrente.

SUOR – Deixe as roupas de molho em solução de água bem salgada ou molhe o local atingido com uma solução de água e algumas gotas de amoníaco.

TANINO – Use apenas água fria e gelo.

TINTA A ÓLEO – Esfregue aguarrás, gasolina ou benzina.

TINTA DE CARIMBO – Use uma mistura de suco de limão e sal.

TINTA DE PAREDE – Deixe a mancha de molho em aguarrás ou terebintina. As tintas frescas também saem com querosene, gasolina ou benzina.

TINTA DE PAREDE A ÓLEO BRANCA – Se a mancha for antiga, inicie a limpeza raspando o grosso da mancha. Em seguida, pingue sobre ela um pouco de vaselina para amolecer. Depois, aplique terebintina. Se o tecido for fino, aplique álcool.

TINTA DE PAREDE A ÓLEO COLORIDA – Primeiro, dilua o óleo. Depois, use benzina para retirar a mancha.

TINTA DE PAREDE A ÓLEO PRETA – Use leite quente ou sumo de limão sobre o local.

TINTA ESFEROGRÁFICA – Caso tenha laquê em casa, borrife-o sobre a mancha até ela sumir. Deixe secar. Se necessário, repita a operação. Se não tiver laquê, esfregue a mancha com álcool puro ou canforado.

TOMATE – Use o mesmo processo de AMEIXA, p. 67.

URINA – Manchas frescas saem com uma solução de amônia em álcool. As mais antigas só desaparecem com uma solução de ácido oxálico em água; pingue apenas algumas gotas dessa mistura sobre a mancha. Depois, lave com água.

UVA – Use o mesmo processo de JABUTICABA, p. 73.

VELA – Retire o excesso raspando com o lado cego da faca. Em seguida, coloque o local manchado entre dois mata-borrões, passando por cima um ferro quente.

Se a vela for colorida, depois de remover sua gordura, coloque sobre a parte manchada um algodão embebido em álcool ou benzina. Em seguida, lave a peça toda.

VERDURAS – Limpe com amônia e lave com água e sabão. Em tecidos coloridos, essas manchas desaparecem se forem esfregadas com um pedaço de toucinho. Outra alternativa é molhar bem o local com álcool ou querosene e, em seguida, lavá-lo.

VERNIZ – Passe uma camada de removedor de tinta, acrescente éter sulfúrico e depois álcool. Escove com benzina.

VINAGRE – Use o mesmo processo de LIMÃO, p. 74.

VINHOS – Mancha muito frequente em toalhas de mesa. Existem muitos recursos para eliminá-la. Escolha um deles e use-o no momento do desastre:

- Se a mancha for recente, passe um algodão molhado em leite morno ou mergulhe o local em um pouco de leite morno, levemente adocicado. Água morna com detergente de cozinha também resolve.
- Em uma emergência, polvilhe imediatamente com bastante sal, farinha de mandioca ou polvilho, ou esprema suco de limão. Depois, lave com água fria e sabão.
- Vinho tinto – Esfregue a mancha com vinho branco. Em seguida, lave com água e sabão.

EM VIDRAÇAS

GORDURA – Esfregue um pedaço de cebola sobre a mancha. Depois, passe um pano umedecido.

PINTURAS – Esfregue um pano embebido em terebintina.

TINTA A ÓLEO OU CAL – Primeiro, friccione a mancha com vinagre. Em seguida, com uma solução forte de água e amônia.

PEQUENOS TRUQUES

ASSENTOS DE PALHINHA

Se a palhinha da cadeira estiver frouxa, vire-a de pernas para cima sobre uma bacia e despeje uma vasilha com água fervendo. Desvire a cadeira e deixe secar.

CHEIRO DE CIGARRO NO CINZEIRO

Antes de colocar o cinzeiro em uso, ponha no fundo dele um pouco de bicarbonato. Assim o cheiro dos cigarros mal-apagados não se espalhará pela casa.

E o cheiro que fica impregnado nos cinzeiros desaparece lavando-os com suco de limão.

CHEIRO DE CIGARRO NO AMBIENTE

Siga algum dos seguintes truques para eliminar o cheiro de cigarro:

- Em um recipiente fundo e largo (uma bacia), ponha uma solução de essência de pinho com água bem quente e deixe o vapor se espalhar por algum tempo na sala fechada.
- Pegue uma esponja embebida em vinagre branco e deixe-a sobre um prato em um canto do ambiente. Em pouco tempo o cheiro de cigarro desaparecerá.

CHUVEIRO ENTUPIDO

Quando o chuveiro entupir e começar a espirrar água para todo lado, desenrosque a parte onde ficam os furinhos e limpe-a com uma escova de náilon. A água voltará a escorrer normalmente.

CORTINAS DE PLÁSTICO

Saiba que essas cortinas não ficarão endurecidas se forem sempre lavadas com água quente. E as do boxe do banheiro vão permanecer macias e flexíveis depois de lavadas se você adicionar um pouco de óleo mineral na última água de enxaguar.

CORTINAS EMPERRADAS

Para não emperrarem e correrem melhor, unte os trilhos e as argolas com parafina, cera líquida ou cera de sapateiro. Faça isso antes de pendurá-las.

ESPELHOS EMBAÇADOS

Para evitar que o espelho do banheiro viva embaçado, esfregue-o cuidadosamente com um sabão de roupa bem seco, limpando-o em seguida com um pano macio, até que tenha saído todo o vestígio do sabão. Repita o procedimento uma vez por semana.

GELADEIRA DESREGULADA

Se a temperatura está baixa demais, evite que os alimentos congelem enrolando-os em jornal.

GELADEIRA – MAU CHEIRO

Uma caixa aberta de bicarbonato de sódio, colocada na prateleira da geladeira, absorve os odores e deixa um cheirinho agradável que dura até uma semana.

Para evitar que alimentos mais fortes espalhem seu odor, deixe sempre dentro da geladeira um desses itens:

- Um pedaço de carvão, que ajuda também a absorver a umidade.
- Uma xícara de pó de café fresco.
- Algumas folhas de louro.
- Um pires com um pouco de fermento em pó.

LIQUIDIFICADOR AMOLADO

Se as hélices do seu liquidificador perderam o corte, jogue algumas cascas de ovo, limpas e secas, dentro do copo e ligue o aparelho no movimento de pulsar algumas vezes.

PIA ENTUPIDA

Experimente jogar no cano um punhado de bicarbonato de sódio. Em seguida, despeje por cima dele meia xícara de chá de vinagre e tampe a pia por 20 minutos. É tiro e queda.

Para mantê-la desentupida, sempre que lembrar, derrame uma garrafa de refrigerante de cola no ralo.

PORTA PRESA

Se uma porta estiver roçando no chão, ponha uma lixa de madeira no ponto de atrito e abra e feche a porta seguidamente, até livrá-la do excesso.

PORTA QUE RANGE

Para acabar com o rangido basta passar nas dobradiças uma mistura de pó de ponta de lápis (grafite) com óleo de cozinha.

QUADROS SEM RISCOS PARA A PAREDE

Para evitar que os quadros marquem a parede recém-pintada, cole em cada canto interno da moldura uma rodelinha de cortiça.

RALOS ENTUPIDOS

Siga uma destas dicas:

- Jogue bastante água fervendo com vinagre. Ajuda a desentupir e a eliminar o mau cheiro.
- Se a causa do entupimento for excesso de gordura, ponha dentro do ralo uma xícara de sal e outra de bicarbonato. Em seguida, despeje uma chaleira de água fervente.
- Misture sal e soda cáustica em partes iguais. Jogue a mistura dentro do ralo, deixando agir por 20 minutos. Em seguida, derrame, aos poucos, uma chaleira de água fervente (faça isso com o rosto afastado para não ser atingido pelo vapor).
- Habitue-se a jogar semanalmente um panelão de água fervendo nas pias para evitar entupimento.

TAPETES COM PONTAS VIRADAS

Para assentar as pontas reviradas dos tapetes, passe-as com ferro bem quente sobre um jornal molhado.

VIDRAÇA RISCADA

Ninguém vai perceber nada. Basta esfregar o local com um pano macio e creme dental.

A CASA

Módulo avançado

Está cheia de coragem? Resolveu recuperar assoalhos, paredes, portas? Já arrumou a caixa de ferramentas, pregos e parafusos? Então, veja aqui algumas dicas para facilitar o seu trabalho.

ASSOALHO COM SINTECO – CALAFETAR

Derreta em banho-maria um pedaço de cera de abelha e outro de cera de carnaúba. Quando estiver liquefeito, vá juntando serragem de madeira até formar uma pasta que solte da vasilha. Então, com uma espátula (de pedreiro), vá colocando e ajeitando um pouco dessa pasta entre as fendas, limpando em volta, ao mesmo tempo. Deixe secar muito bem para só então passar a enceradeira.

BURACOS NO ASSOALHO – CALAFETAR

Se o buraco for pequeno, um pouco de cera virgem será suficiente para cobri-lo.

Mas, se for maior, faça uma mistura de ¼ de breu e ¾ de cera virgem, juntando um pouco de oca para dar colorido. Derreta. Enquanto a mistura ainda estiver líquida, despeje-a nas fendas. Deixe secar e raspe as sobras.

CHEIRO DE TINTA

Uma das maneiras mais rápidas para fazer desaparecer o cheiro da tinta de parede é deixar no cômodo uma bacia cheia de água com algumas rodelas de cebola ou folhas de laranjeira.

Outra alternativa é queimar no quarto um pedacinho de casca de limão ou laranja.

CRISTAL – COMO FURAR

Veja em VIDROS – COMO FURAR, p. 91.

PARAFUSOS – COMO FIXÁ-LOS

Aplicando um pedaço de sabão na ponta do parafuso será mais fácil introduzi-lo em paredes ou em madeiras duras.

PARAFUSOS E PREGOS ENFERRUJADOS

Se os parafusos ficarem presos por causa da ferrugem, aplique sobre eles algumas gotas de querosene ou aguarrás. Aguarde alguns minutos e volte a forçar o parafuso.

Outra alternativa é jogar por cima do parafuso emperrado um pouco de refrigerante de cola. Após alguns segundos, é possível arrancá-lo sem fazer força.

PARAFUSOS E PREGOS PROTEGIDOS
CONTRA A FERRUGEM

Proteja os parafusos e os pregos contra a ferrugem. Antes de colocá-los na parede, esfregue-os com uma mistura de óleo lubrificante e pó de grafite (raspa de lápis preto).

PARAFUSOS VELHOS

Para retirar parafusos velhos da parede prenda a cabeça do parafuso com um alicate e pressione-o enquanto gira alternadamente para a direita e para a esquerda.

PINCÉIS ENDURECIDOS

Se os pincéis estiverem endurecidos pela tinta a óleo, coloque-os de molho por algum tempo em vinagre bem quente, e lave-os depois com água e sabão.

PORCA EMPERRADA

Unte-a com uma mistura de óleo, sal e limão, e gire-a com uma chave inglesa.

PREGOS – NÃO QUEBRE O REBOCO

Antes de bater um prego na parede, mergulhe-o em água fervente. Isso evita que o reboco se quebre. E se o prego estiver enferrujado, fixará ainda melhor.

Se a parede for fraca, proteja o lugar com esparadrapo ou fita adesiva para firmar o reboco.

PREGOS EM MADEIRA

Para fixar pregos ou tachas em madeira com mais facilidade e sem risco de rachá-la, unte-os com óleo, sabão ou parafina.

PREGOS PEQUENOS

Para enfiar um prego pequeno sem risco de martelar os dedos, basta enfiá-lo em um pedaço de cartão. Assim, você poderá segurar o cartão em vez de tentar pegar o preguinho.

SERROTE LUBRIFICADO

Mantenha suas lâminas sempre em boas condições esfregando, em suas laterais, sabão em barra ou vela.

VIDROS – COMO FURAR

Quando quiser furar vidro ou cristal sem perigo de quebrar, vá pingando aguarrás na broca durante todo o procedimento. O furo vai sair perfeito.

NA COZINHA

Quanto mais nos libertamos dos tradicionais papéis femininos, mais o território da cozinha nos sugere um campo de batalha. As panelas se rebelam, os alimentos estragam, as refeições conspiram contra o relógio, nada funciona. Parece tarefa simples fritar batatas, mas quando vamos executá-la, por que o óleo espirra? Por que o peixe gruda na frigideira, a salada murcha, o arroz fica empapado, os legumes se desfazem?

Relaxe. Este capítulo traz tudo o que você precisa para atingir sua libertação culinária.

Veja como se sair bem nas tarefas da cozinha com rapidez e eficiência e, de quebra, aprenda alguns truques para quando tudo der errado.

COMO SE PREVENIR

ÁGUA DE ARROZ

A água que entorna durante o cozimento do arroz gruda na panela e suja todo o fogão. Mas nada disso acontecerá se você adicionar a ela um pedacinho de manteiga.

BATATA COZIDA, PANELA ESCURECIDA

- Três ou quatro folhas de couve colocadas na água do cozimento das batatas evitarão que a panela fique manchada.
- A batata-doce cozida com casca também faz com que a panela escureça. Evite o problema adicionando um pouco de óleo à água do cozimento.

FRITURAS QUE NÃO AGARRAM

Aqueça muito bem a panela ou frigideira antes de colocar o óleo ou a gordura. Procedendo assim, a fritura não grudará no fundo.

FRITURAS QUE NÃO ESPIRRAM

- Para que o óleo não espirre tanto quando está no fogo, coloque dentro da frigideira um pedaço de pão e deixe-o fritar junto com o alimento.

- Pulverize a frigideira ainda seca com um pouco de sal. Depois é só colocar o óleo e fritar o que quiser. Não vai respingar quase nada.

FRITURAS QUE NÃO QUEIMAM

Uma rolha, um pedaço de pão ou, ainda, um dente de alho inteiro e com a casca colocados na frigideira evitarão que a gordura escureça ou queime, conservando as frituras coradas, porém claras, e a panela mais limpa.

GELO FÁCIL

Para que as formas de gelo não grudem no congelador, basta salpicá-lo com sal.

MACARRÃO SEM SUJEIRA

Quando cozinhar massas em geral, coloque uma espátula ou uma colher grande por cima da panela para evitar que a água fervente transborde e suje a panela e o fogão.

MASSA DE TOMATE

Antes de abrir a lata de massa de tomate, bata fortemente seu fundo contra uma superfície dura. Assim, quando furar a lata, a massa não transbordará.

PANELA ESCURECIDA

Evite que a panela do banho-maria ou aquela onde se cozinham bananas ou ovos fique manchada. Basta botar na água um pedaço de limão.

SOPA DE ERVILHAS

Uma fatia de pão adicionada à sopa de ervilhas que está no fogo evita que os grãos afundem e grudem no fundo da panela.

OPERAÇÃO RESGATE

AÇÚCAR MASCAVO EMPEDRADO

Endureceu? Ponha uma fatia de pão fresco dentro do pote onde ele fica guardado. Em poucas horas o açúcar estará macio.

ALFACE OU AGRIÃO MURCHOS

- Para reviver uma alface murcha (mas não velha!), basta lavar suas folhas e deixá-las mergulhadas em água fria por meia hora. Escorra toda a água e sacuda bem as folhas, até que estejam secas. Coloque na geladeira até a hora de servir.
- Também poderá passá-la rapidamente em água quente e, depois, deixá-la de molho em água gelada; em seguida, faça como na dica anterior.
- Use os mesmos procedimentos com o agrião murcho.

ARROZ QUEIMADO

O arroz queimado só fica com cheiro e gosto insuportáveis se esfriar dentro da panela. Isso acontece porque a fumaça fica impregnada no arroz. Portanto, o resgate do arroz queimado depende da sua agilidade. Quanto mais rápido você liberar o vapor, melhor será o resultado. Alguns truques:

- Enfie imediatamente a panela destampada dentro de um recipiente com água fria. Depois de alguns minutos, transfira o arroz para outra panela, sem raspar o fundo queimado, é claro.

- Menos trabalhoso ainda é espetar um garfo até o fundo da panela, bem no meio do arroz. Quando sair toda a fumaça, proceda como indicado acima.
- Outro truque rápido: ponha um pedaço de pão sobre o arroz e volte a tampar a panela. Espere até que o pão absorva o cheiro de queimado, retire-o da panela e transfira o arroz como indicado anteriormente.

ASPARGOS MURCHOS

Se os aspargos frescos ficaram amolecidos, ponha-os de pé dentro de uma jarra com água gelada. Cubra tudo com um saco plástico e leve à geladeira por meia hora.

CARNE DURA (CRUA)

Fundamental para uma refeição rápida, o bife é fácil de preparar. Se a carne está dura e o amaciante acabou, use alguma destas alternativas caseiras:

- Deixe a carne descansar por algumas horas coberta com fatias de mamão verde ou abacaxi.

- Esfregue suco de lima, ou de laranja azeda, por toda a carne, alguns minutos antes de levá-la ao fogo.
- Derrame sobre os bifes crus um pouco de conhaque, cachaça ou refrigerante de cola e deixe descansar.

CARNE DURA (ENSOPADA)

A carne já está no fogo há um tempão e continua dura?

- Experimente adicionar a ela uma colherzinha de fermento em pó.
- Se preferir uma alternativa mais digestiva, esprema uma laranja dentro da panela. Este procedimento também é muito bom para amaciar a carne de sol (ou carne-seca) ensopada.
- Uma terceira opção é juntar à carne um pouco de uísque.

CARNE DURA (ASSADA)

Para a carne assada amolecer, adicione um pouco de conhaque ou de pinga e deixe no forno por mais alguns minutos.

KETCHUP ENTUPIDO

Não precisa esmurrar o fundo do vidro de ketchup que se recusa a sair. Basta empurrar um canudinho de refresco até o fundo da garrafa e tirá-lo logo em seguida. A entrada de ar vai facilitar a saída do ketchup.

COMIDA SALGADA

Com o alimento ainda na panela, tente alguma destas dicas:

- Pingue algumas gotas de limão e deixe ferver um pouco mais.
- Despeje um punhado de sal, em círculo, sobre a tampa (por fora) da panela e deixe que a comida ferva um pouco mais.
- Se foi a sopa ou um ensopado que salgou, acrescente duas ou três batatas cruas, descascadas e partidas ao meio e deixe ferver bastante.
- Tire a panela do fogo, ponha uma colher no meio da comida, deixe descansar alguns minutos e depois volte ao fogo para terminar o cozimento.
- Adicione à comida uma colherzinha de açúcar e outra de vinagre.

COUVE MURCHA

Se as folhas estiverem verdes, mas um pouco murchas, deixe-as com os cabos mergulhados em água fria por meia hora.

CREME INGLÊS TALHADO

É difícil reconhecer o ponto de creme inglês e muito fácil fazê-lo talhar acidentalmente. Quando isso acontecer, bata-o no liquidificador e ele voltará ao normal. Caso este processo o faça desandar, recupere-o. Basta levá-lo novamente ao fogo com um pouco de amido de milho dissolvido em leite. Mexa sem parar até que engrosse novamente.

FEIJÃO QUEIMADO

Não precisa jogar no lixo. Tente uma destas alternativas:

- Troque o feijão de panela sem raspar o fundo. Junte água fria, uma cebola inteira (com casca) e leve ao fogo para terminar o cozimento.
- Faça o mesmo procedimento trocando a cebola por uma batata inteira, com casca e bem lavada.

- Coloque dentro da panela um chumaço de algodão, acrescente mais água e deixe ferver até completar o cozimento. Na hora de servir, é só retirar o algodão e jogar fora.

FEIJÃO RALO

Para obter um caldo mais encorpado, adicione aos poucos uma colher de sopa de amido de milho e 2 colheres de sopa de chocolate em pó meio amargo dissolvidas em água fria. Mexa sem parar até conseguir o ponto desejado. Se não tiver chocolate, pode usar apenas o amido de milho.

FEIJÃO SALGADO

Opte por uma destas alternativas:

- Acrescente um pouco de açúcar ao caldo.
- Adicione ao feijão algumas gotas de limão.
- Coloque duas ou três batatas inteiras descascadas ou cortadas em rodelas grossas.
- Acrescente folhas de couve ao feijão.

Em qualquer um desses casos, deixe o feijão **ferver** bastante até que tenha absorvido o excesso de sal.

FRANGO DURO

Se o frango já está cozido, mas continua duro, coloque dentro da panela uma colher ou outro objeto de prata (de prata mesmo). Tampe e prossiga o cozimento. Logo o frango poderá ser servido.

LIMÃO SECO

Para obter mais caldo de um limão, principalmente se estiver meio seco, coloque-o dentro de uma panela onde tiver acabado de ferver água, já com o fogo apagado, deixando-o assim por quatro a cinco minutos. Depois é só cortar e espremer.

MEL AÇUCARADO

Mergulhe o vidro por alguns minutos dentro de um recipiente com água bem quente. Em pouco tempo o mel voltará à consistência normal.

MELÃO SEM GOSTO

Aguado, sem sabor, não está doce? Não ponha açúcar. Pulverize a fatia cortada com uma pitada de sal. O resultado é surpreendente.

MILHO DURO

Escolheu mal? Ou guardou as espigas por mais tempo do que devia? Se estiverem só com a cor mais forte – e não estragadas –, faça o seguinte: leve a panela ao fogo só com água e espere que ferva; só então ponha as espigas. Deixe para adicionar o sal apenas quando faltarem uns cinco minutos para retirá-las do fogo. Ficarão mais tenras e saborosas. (Veja também MILHO VERDE em CONTROLE DE QUALIDADE, p. 115.)

MOSTARDA – FOLHAS MURCHAS

Siga o mesmo procedimento indicado para ALFACE OU AGRIÃO MURCHOS, p. 97.

MOSTARDA RESSECADA

Se a mostarda em vidro ressecou, adicione a ela algumas gotas de azeite, um pouquinho de vinagre e uma pitada de sal.

PÃO DORMIDO

Basta umedecê-lo levemente com água ou leite e levar ao forno por alguns minutos. Se usar apenas um pedaço, espete-o na ponta de um garfo e gire-o sobre a chama do gás até que esteja com a casca estalando.

QUEIJO DE MINAS RESSECADO

Para recuperar o queijo de minas que ficou duro é só deixá-lo de molho no leite de um dia para o outro.

QUEIJO PRATO RESSECADO

Se o queijo tornou-se seco e quebradiço, embrulhe-o em um pano embebido em vinho branco e deixe descansar por algum tempo. Ele voltará a ser macio como quando fresco. Na falta do vinho branco, substitua-o por vinagre branco.

SALADA ENCHARCADA

Se você errou a mão e despejou molho demais na salada, evite que ela fique encharcada colocando no fundo da saladeira um pires virado ao contrário.

TOMATES MOLES

Quer fazer uma salada mas os tomates estão maduros demais? Mergulhe-os por alguns minutos em água fria salgada e eles ficarão mais firmes.

PARA CORRER CONTRA O RELÓGIO

AIPIM OU MANDIOCA

Quando não for muito novo e estiver demorando para amolecer no fogo, adicione ao seu cozimento uma xícara de água fria.

ALHO – TEMPERO PRONTO

(Veja na p. 121.)

BATATA COZIDA COM CASCA

Se a batata for muito grande, enterre nela um prego novo e limpo. Parece simpatia, mas funciona. Ela cozinhará mais depressa e por igual. Apenas não se esqueça de retirá-lo assim que a batata estiver cozida.

CAFETEIRA LENTA

Se sua cafeteira automática está muito lenta, enrole um pano de prato úmido na parte de baixo do aparelho e o café descerá bem mais rápido.

CEBOLA – TEMPERO PRONTO

(Veja na p. 124.)

ESFRIAMENTO DO FORNO

Se o forno estiver muito quente na hora de colocar o bolo ou a torta, coloque em seu interior uma vasilha com água gelada.

ESFRIAMENTO RÁPIDO

Quando tiver muita pressa para esfriar um líquido, ponha seu recipiente dentro de uma tigela com água gelada e uma boa colher de sopa de sal de cozinha.

FEIJÃO DEMORADO

Quando o feijão estiver demorando muito para cozinhar, coloque dentro da panela água fria em vez de água fervendo.

FRITURAS – *TIMER* DOMÉSTICO

É muito fácil saber a temperatura certa do óleo para fazer batata frita. Coloque dentro da frigideira – no óleo ainda frio – um palito de fósforo novo e deixe-o boiar. Aqueça o óleo. Quando estiver suficientemente quente – isto é, no ponto –, o palito, como um foguete, se acende, e zás... poderá até saltar da frigideira, cuidado! É a hora de colocar as batatas para fritar.

FRUTAS E LEGUMES – PARA ACELERAR O AMADURECIMENTO

- Abacate – Deixe-o fechado dentro de um pote de farinha de trigo. Ou guarde-o dentro de um saco de papel, na companhia de uma maçã madura.
- Banana – Ponha uma ou duas bananas maduras na mesma fruteira em que estão as verdes.
- Caqui – Faça um furo ao lado do cabinho e pingue uma gota de vinagre ou álcool.
- Pera – Guarde-a dentro de um saco de papel com uma maçã madura. Faça alguns furos no papel e deixe em lugar fresco.
- Pêssegos – Use o mesmo procedimento de PERA.
- Tomates – Use o mesmo procedimento de PERA.

HAMBÚRGUER RÁPIDO

Faça um buraco no meio do hambúrguer (pode ser com o dedo mesmo) antes de levá-lo à frigideira. Ele vai ficar pronto mais depressa.

MILHO ACELERADO

Quer acelerar o cozimento do milho e, de quebra, deixá-lo mais tenro e saboroso? Leve a panela ao fogo só com água. Espere ferver; só então ponha as espigas. Deixe para adicionar o sal apenas quando faltarem uns cinco minutos para retirá-las do fogo.

CONTROLE DE QUALIDADE

AGUARDENTE

- Observe a idade da aguardente. Assim como o conhaque, ela não deve ficar por muito tempo na garrafa. Em vez de envelhecer, degenera.
- Para testar sua qualidade, sacuda bem a garrafa e observe o rosário (anel de bolhinhas) que se forma na superfície. Se ele se desmanchar rapidamente, a aguardente é de qualidade inferior.

ALCACHOFRA

A alcachofra está ainda verde quando seu talo está muito duro; passada, isto é, já meio velha, quando o talo estiver mole e quebradiço. Porém, se o talo estiver levemente flexível, ela está no ponto. (Veja como conservá-la na p. 120.)

AZEITE

Ponha um pouco do azeite dentro de um copo e pingue algumas gotas de água oxigenada. Agite bem e observe. Se ficar com a cor verde, é óleo de oliva puro.

BATATAS

Corte a batata ao meio e esfregue uma metade contra a outra. Se aparecer um pouco de espuma, ou se uma parte aderir à outra com facilidade, a batata é do tipo farinhento. Isso não quer dizer que esteja estragada, apenas que não é gostosa.

BERINJELAS

Prefira as que estiverem rijas, pois as enrugadas e murchas são sempre amargas.

BETERRABAS

As menores são mais gostosas. As lisas, sem manchas, são melhores.

BRÓCOLIS-AMERICANO

Não use o brócolis que estiver amarelado; prefira também os de cabeça compacta.

CARNE BOVINA

Observe a cor da carne e dos ossos. A carne bovina de boa qualidade apresenta cor vermelho-púrpura e ossos rosados.

CARNE ESTRAGADA

A carne está na geladeira há alguns dias e você fica na dúvida: será que ainda está boa? Seja frango, peixe ou carne bovina, o sistema de verificação é o mesmo. Leve a carne ao fogo e ponha dentro da panela uma colher ou qualquer outro objeto de prata (tem que ser prata mesmo). Se a prata escurecer, jogue a comida no lixo. Está estragada.

CARNE DE VITELA OU DE CARNEIRO

A carne deve apresentar coloração rosa vivo com a gordura e o sebo bem brancos.

CARNE DE CABRITO OU DE PORCO

A carne deve estar pálida; os ossos, branco-leitosos.

CENOURA

Escolha cenouras lisas e sem calombos; são as melhores. Também prefira as que não tiverem a parte de cima escurecida. Se não tiver outro jeito, despreze a parte escura para não amargar o seu ensopado.

CHAMPINHONS E COGUMELOS

São deliciosos, mas podem provocar fortes infecções se estiverem estragados. Verifique seu frescor. Leve-os ao fogo em uma panela com água, colocando dentro dela uma colher de prata (tem que ser prata mesmo). Deixe ferver por alguns segundos. Se a colher escurecer, não pense duas vezes. Jogue tudo fora.

LEITE

Teste sua pureza mergulhando dentro do copo uma agulha comum ou de tricô. Mantenha a agulha na vertical e levante-a. Se o leite estiver misturado com água, a agulha sairá limpa. Caso contrário, a agulha de costura conservará resíduos. A de tricô apresentará uma gota na ponta.

MANTEIGA

Ponha um pouco de manteiga na frigideira e leve-a ao fogo. Se queimar logo, é de boa qualidade. A inferior, além de demorar para queimar, respinga.

MARISCOS

Devem estar bem fechados. Rejeite os que estiverem com as cascas abertas, pois já são velhos e podem provocar sérios problemas de saúde.

MEL

Para testar a pureza do mel:

- Quando ligeiramente aquecido, o mel verdadeiro se torna líquido, ao contrário do falsificado, que fica espesso.

- O mel puro cristaliza uniformemente.
- Se ainda estiver na dúvida, ponha dentro de um vidro com tampa uma colher de sopa do mel a ser testado e 3 colheres de sopa de álcool. Agite até que o conteúdo fique leitoso e deixe descansar por algum tempo. O mel puro se separa do álcool. O misturado continua turvo.

MILHO VERDE

- Aprenda a escolher. A espiga nova é macia e tem os grãos amarelo-claros. Se os grãos apresentarem cor amarela forte, estarão duros e ressecados.
- Outra maneira de reconhecer a qualidade do milho: finque a unha do polegar em seus grãos. Se a unha penetrar facilmente no grão e surgir um pouco de líquido, pode comprar sem susto. Caso contrário, esqueça.

OSTRAS

- Parece crendice, mas é verdade: só consuma ostras nos meses que não têm a letra "R".
- Só se come a ostra viva: ao pingar limão, ou ao ser tocada pelos dedos, ela se contrai. Você também

pode reconhecer seu frescor pela aparência límpida e pela rigidez da parte comestível.

- Ostras em boas condições são úmidas; as secas são imprestáveis para o consumo.
- Só compre ostras com as cascas bem fechadas. Veja como abri-las em TRUQUES DE GOURMET, p. 133.

OVOS

Para verificar se um ovo está estragado, mergulhe-o em bastante água salgada. Se flutuar, pode jogar fora; se permanecer no fundo, use-o sem receio. Outra alternativa é encostar as duas extremidades do ovo no próprio rosto. Se o topo estiver mais frio do que a base, o ovo é fresco.

PEIXES

O peixe fresco apresenta brânquias em um tom vermelho vivo, e olhos e escamas brilhantes. A carne não cede sob a pressão dos dedos e o cheiro é suave.

REPOLHO

Prefira os menores e mais claros. São mais tenros.

UÍSQUE

Sacuda a garrafa e observe. Se o líquido não borbulhar, não é de boa qualidade.

UVAS SEM EXCESSO DE AGROTÓXICO

O pó branco que envolve as uvas chama-se potassa e é um agrotóxico venenoso. Prefira os cachos que contêm menos potassa. Para eliminá-la, não basta lavar as frutas em água corrente. É necessário deixá-las mergulhadas em água açucarada por alguns minutos.

VINAGRE

Para saber se o vinagre foi falsificado com corrosivo, siga os seguintes passos: coloque um coador de papel sobre um prato de porcelana; pingue sobre ele uma gota de vinagre e ponha o prato sobre uma tampa de fogão ou em uma estufa, para evaporar. Se, nesse lugar, o papel ficar negro, é sinal de que o vinagre contém ácido sulfúrico e não é de boa qualidade.

ARMAZENAGEM

ABACATE CORTADO

Vai guardar metade do abacate para comer mais tarde? Evite que a polpa escureça usando um destes procedimentos antes de levá-lo à geladeira:

- Passe um pouco de limão, vinagre, farinha de trigo, farinha de rosca ou manteiga na superfície cortada.
- Recoloque o caroço dentro do abacate do jeito que o tirou, isto é, sem limpar nem lavar, e envolva a fruta em plástico ou papel-alumínio. Feche bem e guarde na geladeira.

ABACATE EM CREME

Se quiser preparar o creme de abacate com antecedência, evite que sua cor e paladar fiquem alterados. Antes de levá-lo à geladeira, faça o seguinte:

- Mergulhe o caroço do abacate, tal como foi tirado da fruta, no centro da tigela com o creme; deixe-o ali até a hora de servir.
- Guarde o creme em uma vasilha plástica bem fechada. Retire o ar.
- Mergulhe uma colher de sopa de aço inoxidável no creme até a hora de servir.

AÇÚCAR

Para evitar que o açúcar guardado em latas fique empedrado, coloque dentro do recipiente algumas bolachas salgadas ou frutas secas.

AÇÚCAR MASCAVO

Veja algumas dicas para conservá-lo sempre soltinho:

- Guarde-o em recipiente de vidro, hermeticamente fechado. Ponha dentro do vidro algumas ameixas pretas, ou um pedaço de casca de laranja ou limão. Se escolher usar as cascas, não esqueça de trocá-las quando ficarem secas.

- Se você só consome o açúcar mascavo esporadicamente, pode também congelá-lo. Mas para que o congelamento dê certo ele precisa ser protegido contra a umidade. Não basta acondicioná-lo dentro de um pote de vidro bem fechado. É preciso botar o vidro dentro de um saco plástico e vedá-lo.

AIPIM

É exótico, mas funciona. Guarde a mandioca, ou aipim, sem descascar, enterrado em um vaso de plantas ou em um canteiro.

ALCACHOFRA

Para conservá-la fresca por até cinco dias em geladeira, enrole-a em um pano bem úmido e coloque dentro de um saco plástico fechado.

ALFACE

Para conservar um pé de alface durante alguns dias, siga qualquer um dos procedimentos a seguir:

- Borrife a alface com água e embrulhe-a em um pano ou jornal molhado com água, tendo o cuidado de manter essa umidade até o momento de usá-la.
- Suas folhas se conservarão como novas na geladeira. Basta colocar, perto delas, um limão partido.
- Outra alternativa: depois de remover as folhas velhas, lave e escorra muito bem a alface. Guarde-a na geladeira em uma vasilha plástica bem fechada.

ALHO-PORÓ

Dentro de um saco plástico bem fechado, o alho-poró pode durar até cinco dias na geladeira.

ALHO – TEMPERO PRONTO

Se você gosta de usar alho de verdade na comida mas não tem paciência para descascá-lo a cada vez que vai cozinhar, experimente um método mais prático. Pegue a quantidade de alho que você usa em uma semana, descasque e esprema tudo de uma vez. Cubra com óleo e guarde em um vidro dentro da geladeira. Se quiser, pode misturar com a cebola. (Veja CEBOLA – TEMPERO PRONTO, p. 124.)

AZEITE

Aumente a vida útil do azeite botando dentro do vidro uma pitada de sal. Ele demorará mais a ficar rançoso.

BAUNILHA EM FAVA

Guarde a fava de baunilha dentro do pote de açúcar. Ela ficará bem conservada e deixará o açúcar suavemente perfumado.

BISCOITOS

Depois de abrir a embalagem original, guarde os biscoitos em latas bem fechadas. Para aumentar sua vida útil, ponha dentro da lata um punhado de arroz cru.

BOLO

Para que ele não resseque, use algum destes truques:

- Mantenha o bolo coberto com a forma em que foi assado, sem lavá-la.
- Ponha uma fatia de pão fresco espetada com um palito no lugar onde o bolo foi cortado.
- Se estiver consumindo bolo comprado pronto, ponha dentro do pacote uma maçã fresca e mantenha-o bem fechado.
- Se o bolo for de assadeira, retire apenas os pedaços que serão comidos. Os que continuarem dentro dela ficarão conservados.

CAFÉ

- Para conservar melhor o aroma e o sabor do café, junte um pouco de açúcar ao pó fresco antes de guardá-lo no recipiente adequado.
- Grãos ou pó permanecerão frescos por mais tempo, além de conservarem seu aroma natural, se forem guardados na geladeira ou no congelador, protegidos da umidade e em recipientes bem fechados.

CARNE CONGELADA

É muito prático, mas a carne fica com uma cor escura quando descongela. Para evitar o problema, unte os pedaços de carne fresca com azeite de oliva. Depois, é só embalar adequadamente e congelar.

CEBOLA CORTADA

Se guardar na geladeira metade da cebola, evite que ela resseque passando sobre o corte um pouco de manteiga.

CEBOLA – TEMPERO PRONTO

Poupe tempo. A cebola pode ser batida com um pouco de óleo no liquidificador e guardada em um vidro dentro da geladeira. Preparada dessa maneira, dura até uma semana. Se quiser deixar pronto o tempero completo, misture a pasta de cebola ao tempero de alho. (Veja ALHO – TEMPERO PRONTO, p. 121.)

CEREAIS

Para proteger contra insetos o arroz, o feijão, a lentilha e outros grãos, derrame um pouco de sal dentro dos potes de mantimentos em que estão guardados.

CLARAS DE OVO

Se não souber o que fazer com as claras que sobraram, coloque-as dentro de um recipiente de plástico bem fechado e guarde no congelador. Dessa maneira, podem ser conservadas por até um ano. Este método apresenta, ainda, uma vantagem. Você pode descongelar as claras, usar apenas uma parte e devolver o restante para o freezer.

COGUMELOS FRESCOS

Lave-os ligeiramente, ou limpe com um paninho úmido. Ponha na panela. Para cada meio quilo de cogumelo, adicione um copo de água fria e outro de vinho branco seco. Tampe a panela, leve ao fogo e, quando começar a ferver, conte três minutos. Apague o fogo e deixe esfriar completamente com a panela tampada. Despeje tudo em um vidro bem fechado e guarde na geladeira até o momento de ser usado. Poderá durar alguns dias. Não esqueça que a panela deverá ficar tampada desde antes de ir ao fogo até quando os cogumelos estiverem frios.

EXTRATO DE TOMATE

- Depois de aberto, transfira o conteúdo para um recipiente de louça ou de vidro, tampe bem e guarde na geladeira.
- Se não for usá-lo logo, antes de fechar o vidro cubra a massa com um fio de azeite ou de óleo para evitar o surgimento precoce de mofo.
- Se, em vez de lata, a massa vier em recipiente de papelão, mantenha a sobra no mesmo recipiente. Coloque-o dentro de um saco plástico bem fechado e deixe no congelador.

FARINHA DE ROSCA

Uma folha de louro colocada dentro de vidro ou lata onde se guarda a farinha de rosca absorve a umidade e evita o surgimento de mofo.

FARINHA DE TRIGO

- Misture um pouquinho de sal à farinha de trigo. Assim, ela não vai encaroçar nem mesmo nos lugares onde o clima é úmido.
- Se você usa a farinha raramente, guarde-a na geladeira, muito bem fechada em saco plástico e protegida da umidade. Dura meses.

FARINHA DE TRIGO CONGELADA

A farinha também pode ser guardada no congelador, dividida em pequenas porções, bem protegida com plástico ou papel-alumínio. Na hora de usar, descongele apenas o que for consumir.

FEIJÃO CRU

- Ponha um pedaço de pão dentro da lata onde se guarda o feijão. Isso evita que surjam bichinhos (caruncho) no meio dos grãos.
- Se tiver espaço sobrando na gaveta da geladeira, saiba que é um ótimo lugar para guardar o feijão, desde que ele esteja dentro de um saco plástico bem fechado.

FERMENTO EM PÓ (QUÍMICO)

Depois de aberta a lata, o prazo de validade do fermento não é longo. Mas ele se conserva melhor se a latinha for guardada na geladeira, bem fechada.

FRUTAS FRESCAS

Evite que as frutas apodreçam colocando dentro da fruteira alguns dentes de alho cortados em duas partes.

GEMAS DE OVO

Podem ser guardadas por até quatro dias na geladeira, dentro de uma xícara ou tigela, cobertas com água filtrada.

LIMÕES CORTADOS

Coloque a parte cortada do limão virada para baixo em um pires e cubra-a com uma xícara. Você também pode botar um pouco de água ou vinagre no pires e, neste caso, não precisará cobri-lo com a xícara. Em qualquer dos casos, guarde na geladeira.

LIMÕES INTEIROS

Podem ser conservados por algumas semanas em uma vasilha contendo sal. Outra alternativa é guardá-los em um vidro hermeticamente fechado. Limões verdes também se conservam durante muito tempo se forem postos em vasilhas e cobertos com água, que deverá ser trocada diariamente.

Dica: se quiser conservar os limões verdes durante alguns meses, guarde-os em caixotes entre camadas de areia, de modo que fiquem isolados uns dos outros e completamente cobertos.

MILHO

Se quiser guardar espigas de milho frescas por alguns dias, coloque-as inteiras e com as cascas em uma vasilha com água – com as extremidades voltadas para cima – e guarde na geladeira.

NABOS

Nabos e rabanetes conservam-se frescos se mergulhados com as folhas – e não com as raízes – dentro da água.

OVOS

Você sabia que é possível congelar ovos? Mas, atenção, uma vez descongelados, devem ser usados imediatamente.

PEIXE CONGELADO

Se quiser que o peixe congelado fique com sabor de peixe fresco, descongele-o diretamente no leite.

PIMENTA-DO-REINO EM PÓ

Alguns grãos de pimenta colocados dentro do vidro de pimenta em pó evitam que os orifícios da pimenteira fiquem entupidos, e também conservarão seu sabor sempre fresco.

RABANETES

Veja em NABOS, p. 129.

REPOLHO

Retire as folhas estragadas e guarde o repolho – sem lavar ou molhar – dentro de um saco plástico bem fechado, em papel vegetal ou papel-alumínio. Assim, ele durará até oito dias.

SALEIROS DE MESA

Para absorver a umidade, misture ao sal do saleiro alguns grãos de arroz, feijão ou ervilhas secas.

SALEIROS DE COZINHA

Para que o sal guardado fique sempre seco, forre a vasilha com mata-borrão ou ponha no fundo do recipiente um biscoito salgado.

SALAME

Sobrou salame da festa? Passe um pouco de óleo ou manteiga na parte descoberta e ele continuará fresco e vermelhinho. Também ficará muito bem conservado se for embrulhado em papel-alumínio e muito bem fechado.

SALSA E CEBOLINHA

- Antes de levá-las à geladeira, queime a ponta do caule na chama do fogão. Isso lhes dará vida mais longa.
- Também durarão mais se forem logo picadas e guardadas na geladeira, dentro de vidro fechado.
- E se for para guardar por uns dois dias, e elas estiverem bem frescas, basta deixá-las de pé dentro de um copo com água, trocando-a todo dia.
- Molhe-as e embrulhe-as em papel-jornal úmido. Mantenha essa umidade até a hora de usá-las.

SALSICHA

Sobraram salsichas no pacote? Guarde-as por até seis dias dentro da geladeira, em um recipiente de vidro, louça ou plástico, mergulhadas em água com sal e vinagre. Lave-as antes de usar.

TRUQUES DE GOURMET

ALCACHOFRA EM CORES VIVAS

- Para que a alcachofra conserve sua bonita cor depois de cozida, deixe-a ficar de pé, por uma hora, em água fria contendo uma colher de sopa de vinagre. Ou, então, deixe a ponta cortada submersa em suco de limão.
- Para evitar que o fundo da alcachofra escureça durante o cozimento, adicione à água um pouco de suco de limão e uma colherzinha de manteiga.

ALCAPARRAS SEM ACIDEZ

Para suavizar a acidez das alcaparras, escorra-as logo que forem retiradas do vidro e deixe-as de molho em vinho branco por meia hora.

ARROZ SOLTINHO

Siga uma das dicas a seguir:

- Durante o cozimento, coloque uma colher de vinagre à água do arroz.

- Acrescente um pouco de água fria com algumas gotas de limão quando a primeira água estiver secando.
- Se o arroz cozinhou demais e empapou, despeje-o dentro de uma peneira ou escorredor e lave-o sob uma torneira de água fria até os grãos se soltarem. Escorra-o bem e leve-o ao forno ou esquente sobre o vapor.
- Ponha a panela destampada dentro de um recipiente contendo água fria. Deixe repousar de dez a 15 minutos.

Atenção: se o arroz pronto não estiver solto, destampe a panela e acrescente uma colher de sopa de água fria.

ASPARGOS EM LATA

Você tira os aspargos da lata com todo cuidado e mesmo assim as pontas se estragam! Evite que isso aconteça abrindo a lata pelo lado contrário e puxando os aspargos por baixo. Assim, eles vão ficar perfeitos.

ASSADOS E TOSTADOS

Frango, pernil, carne, todos os assados ficam mais crespos quando respingados com cerveja enquanto estão no forno.

BACON ESTICADINHO

- Para que o bacon não enrole durante a fritura, basta mergulhá-lo em água fria antes de ir ao fogo.
- O bacon também ficará esticado se você furá-lo com um garfo antes da fritura.

BATATA ASSADA

Batatas assadas são deliciosas e fáceis de preparar. Ficam melhores ainda se você furá-las com um garfo fino antes de irem ao forno. Desta maneira, não ficarão rachadas e você obterá um cozimento uniforme.

BATATA COZIDA SEM CASCA

Um pouco de óleo adicionado à água do cozimento deixará as batatas perfeitas: elas não desmancharão nem grudarão no fundo da panela.

BATATA FRITA CROCANTE

Antes de fritar batatas palito, deixe-as de molho em água, dentro da geladeira, no mínimo por meia hora. Ficarão sequinhas e crocantes.

Só ponha o sal depois que as batatas já estiverem fritas e escorridas.

Não cubra as batatas já fritas para manter a temperatura. Se for o caso, ponha-as em uma assadeira forrada com papel absorvente e leve-as ao forno bem fraquinho. Mantenha a porta do forno ligeiramente aberta.

BAUNILHA EM FAVA

Muito superior à essência encontrada nos supermercados, é também muito mais cara. Para aromatizar caldas, cremes ou pudins, a fava deve ser bem-fervida no leite ou na água. Depois de usada, deve ser retirada da panela, lavada em água corrente, enxugada com cuidado e novamente guardada. Deste modo, a fava de baunilha pode ser reutilizada diversas vezes.

BERINJELAS CLARINHAS

- Antes de usar as berinjelas, corte-as ao meio no sentido do comprimento e deixe-as de molho por alguns minutos em água fria salgada e com um pouco de leite. Depois, lave e use-as.
- Outra alternativa é deixá-las de molho em água com suco de limão.

BETERRABAS BEM VERMELHAS

Para conservarem sua cor as beterrabas devem ser cozidas com casca e um pedaço do talo. Adicione também uma pitada de açúcar. Além de evitar que desbotem, apura seu paladar.

BETERRABAS SEM MANCHAS

Para as beterrabas não mancharem as saladas, depois de cozidas e frias, coloque-as no congelador. Não é para congelar, apenas para ficarem bem geladas.

BOLO – CORTAR PARA RECHEAR

As duas metades do bolo ficarão perfeitas se, em vez de faca, você usar fio de náilon para cortá-las. Basta amarrar o fio em volta do bolo, na altura do corte desejado, e ir apertando aos pouquinhos.

BRÓCOLIS SEM INSETOS

Para que se soltem os bichinhos que ficam agarrados no meio do brócolis, depois de lavado, mergulhe-o por algum tempo em água salgada ou com vinagre. Quando despejar essa água, verá que estará cheia de bichinhos.

CAFÉ CHEIROSO

- Realce seu aroma misturando uma colher de sopa de chocolate em pó para cada quilo de café.
- Uma pitada de sal acrescentada à água da infusão também garante um aroma incomparável ao seu café.

CALDA DE CARAMELO

Para evitar que ela fique açucarada, basta não mexê-la enquanto estiver no fogo nem quando estiver esfriando.

CHUCHU GRUDENTO

- Para não ficar com as mãos pegajosas ao descascar o chuchu, unte as mãos com óleo de cozinha.
- Poderá também, se preferir, mergulhá-lo em água fervente por segundos antes de descascá-lo.

CHURRASCO SEM PAPEL QUEIMADO

- Em vez de acender a churrasqueira com papel-jornal umedecido em álcool, substitua-o por um pedaço de pão velho ensopado em álcool. Ponha o fogo diretamente no pão. Além de ser menos perigoso, não faz tanta fumaça e facilita o aquecimento do carvão.
- Depois de ter usado a churrasqueira, apague as brasas jogando sobre elas um punhado de sal.

CLARAS DE OVO

Jamais bata as claras em recipientes de alumínio. Elas ficarão escuras, com péssimo aspecto.

COUVE-FLOR CLARINHA

- Para que a couve-flor não escureça durante o cozimento, ponha na água meia xícara de leite.
- Se em vez do leite você usar uma colher de sobremesa de farinha de trigo, além de clara e macia, a couve-flor não exalará seu odor característico durante o cozimento.

COUVE-FLOR – TALOS BEM VERDES

Para que, além de clara, a couve-flor mantenha os talos bem verdes, adicione também à água do cozimento uma colher de café de açúcar.

COUVE-FLOR SEM INSETOS

Siga o mesmo procedimento de BRÓCOLIS SEM INSETOS, p. 138.

CREME BATIDO

Se o creme de leite fresco demorar a encorpar ao ser batido, adicione 3 ou 4 gotas de limão; ou, então, salpique sobre ele um pouco de gelatina em pó.

CREME DE LEITE

- Não se deve bater o creme de leite em recipiente de alumínio, pois, além de adquirir uma cor acinzentada, seu paladar ficará alterado, com gosto de metal.
- Molhos quentes à base de creme de leite são deliciosos, mas costumam talhar. Evite que isso aconteça juntando ao creme ou ao molho um pouquinho de farinha de trigo ou amido de milho. Nunca deixe ferver demais.

CREME SEM PELÍCULA

Habitue-se a pulverizar o creme inglês com um pouco de açúcar, assim que despejá-lo na vasilha, evitando que se forme uma película na superfície.

ERVILHAS FRESCAS

Alguns truques para que fiquem tenras, porém firmes:

- Cozinhe-as rapidamente em fogo alto.
- Além de tenras, ficarão com um sabor requintado se forem fervidas por alguns minutos em água gasosa.
- Cozinhe as ervilhas em água fervente e sal. Quando estiverem macias, escorra e jogue-as imediatamente em uma vasilha com água gelada e cubos de gelo. Espere alguns minutos, escorra bem e, se não for utilizá-las na hora, guarde em um recipiente bem fechado, dentro da geladeira.

FEIJÃO SEM ESPUMA

Uma colher de gordura ou um pouco de óleo, acrescentados na hora do cozimento, evitarão a formação de espumas e deixarão o feijão macio.

FRANGO ASSADO TOSTADINHO

Pode não ser muito saudável, mas a pele do frango assado, bem corada e tostada, é uma delícia. Para que fique assim, basta respingar um pouco de água salgada e fria uns cinco minutos antes de tirá-lo do forno.

FRANGO FRITO

Quando preparar frango frito ou a passarinho, ponha uma colher de amido de milho na gordura bem quente. Vai ficar dourado, sequinho, e isso evita que ele grude na panela.

FRANGO GOSMENTO

Para tirar a gosma do frango, cubra os pedaços com água fria e 2 colheres de sopa de vinagre. Depois é só lavá-los em água corrente.

FRITURAS COM MANTEIGA

Quando fizer qualquer fritura com manteiga, não deixe de adicionar um pouco de óleo. Além de evitar que a manteiga queime, em nada altera o seu sabor.

FRITURAS SECAS E CROCANTES

Adicione uma colherzinha de álcool à gordura antes de levar a frigideira ao fogo. As frituras ficarão sequinhas e crocantes.

LARANJA AZEDA

Quando a laranja estiver muito azeda, corte-a ao meio (no sentido do comprimento, dos gomos) e esfregue uma pitada de sal em ambas as partes. Vai ficar doce.

LEGUMES EM CORES VIVAS

Habitue-se a acrescentar uma colher de café de açúcar ao cozimento dos legumes para que não percam seu colorido.

LEITE DE COCO ENTUPIDO

Para tirar mais facilmente o leite de coco do vidro é só enfiar um canudo de refresco até o fundo da garrafa para entrar ar.

MAÇÃ CLARINHA

- A maçã não escurece, quando descascada para salada de frutas, se for mergulhada em água fria e suco de limão.
- Outra alternativa é mergulhar as maçãs, ainda inteiras, em água ligeiramente salgada. Deixe descansar por dez minutos.

MEL SEM PINGA-PINGA

- Quando usar colher ou faquinha para pegar o mel, mergulhe-a antes em água quente. Assim, não se formará aquele fio interminável que só serve para sujar a toalha.
- Se precisar medir o mel ou o melado em xícara, polvilhe-a com farinha de trigo ou unte-a com manteiga. Assim, ele escorrerá de uma só vez até a última gota.

MOLHOS E SOPAS SEM GORDURA

- Para desengordurar o molho ou a sopa deixe-os esfriar destampados e, em seguida, leve-os ao refrigerador até que a gordura venha à tona e solidifique. Retire a gordura da superfície com uma colher.

- Com o fogão ainda ligado, posicione a panela de tal maneira que metade dela fique fora do fogo. Mantenha-a assim por alguns segundos. Logo a gordura ficará acumulada em um só lado e será fácil recolhê-la com uma colher.

MOLHO DE TOMATE SEM ACIDEZ

- Para reduzir a acidez, adicione um pouco de açúcar ao molho.
- Se preferir outra alternativa, deixe a panela destampada durante sua preparação.

OMELETE MAIS LEVE

- Misture um pouco de leite ou água aos ovos enquanto bate sua omelete. Ela ficará mais leve, cremosa e crescerá mais.
- Outra alternativa, para quem prefere a omelete mais seca, é acrescentar uma pitada de fermento ou de amido de milho aos ovos batidos.

OSTRAS – COMO ABRI-LAS

Não é todo mundo que se aventura a comer ostras em casa. A maior dificuldade é abri-las.

- Uma maneira rápida de resolver o problema é jogá-las em água fervente. Vão abrir imediatamente.
- Outra solução é lavá-las bem em água fria e levá-las ao congelador, dentro de um saco plástico, por uma hora. (Veja como comprar ostras em CONTROLE DE QUALIDADE, p. 110.)

OVOS COZIDOS

- Para que os ovos não rachem durante a fervura, acrescente uma colher de café de vinagre à água antes de levá-los ao fogo.
- Para obter o mesmo resultado, não tampe a panela nos primeiros minutos de cozimento.
- Para descascar um ovo com facilidade é só cozinhá-lo em água com sal.
- A casca do ovo cozido também sai com facilidade se você quebrar a ponta e soprar fortemente por esse orifício. A casca sairá inteira.

- Quando cortar ovos cozidos em rodelas, evite que eles se esfarelem mergulhando antes a faca em água fervente.

OVOS FRITOS

- Ovos fritos costumam grudar na frigideira, principalmente se ela não for antiaderente. Mas isso não acontecerá se, antes de colocar o ovo na frigideira, você misturar de meia a uma colher de café de farinha de trigo à gordura.
- Também ficarão perfeitos se, depois de aquecer a manteiga ou a margarina, você colocar o sal sobre elas, para só então quebrar os ovos.
- Outra alternativa é só botar a gordura quando a frigideira já estiver bem aquecida.
- Ovos fritos ficarão com as claras bem brancas e sem beiradas esturricadas se, logo após terem sido colocados na frigideira, receberem uma ligeira borrifada de água fria.

OVOS POCHÊS – SEGREDOS DA PERFEIÇÃO

- Para que as claras permaneçam inteiras e as gemas mantenham sua bonita cor é indispensável acrescentar uma colher de café de vinagre à água em que os ovos vão ser preparados.

- Antes de colocar o ovo na água fervente, quebre-o primeiro em um pires. Deite-o cuidadosamente na água.
- Depois de botar o ovo na água, reduza o fogo ao mínimo. A água da fervura não deve borbulhar, ou o ovo se desmanchará.

OVOS QUENTES – O TEMPO CERTO

Ponha os ovos na água fervente e conte os minutos:

- quase cru – dois minutos;
- ao ponto – três minutos;
- encorpado – quatro minutos.

PALMITO CLARO

Para que o palmito não escureça, use apenas facas de aço inoxidável para cortá-lo. Não deixe que ele encoste em nenhum objeto de ferro. Use sempre panelas esmaltadas ou refratárias. Ao cozinhá-lo, adicione uma colher de café de suco de limão.

PEIXE ASSADO

Para que o peixe não grude na assadeira basta forrá-la com fatias de batata crua, papel-alumínio ou, ainda, folhas de bananeira.

PEIXE COZIDO

Para que as postas de peixe não se quebrem na panela, adicione à água um pouco de vinagre. Além disso, use fogo baixo para que o caldo não borbulhe.

PERA CLARINHA

Use o procedimento descrito em MAÇÃ CLARINHA, p. 145.

PERU DESCONGELADO

Evite descongelar o peru no micro-ondas ou em temperatura ambiente. O descongelamento rápido faz com que ele perca muito líquido. Sua carne ficará mais tenra e úmida se descongelar lentamente dentro da própria geladeira.

PURÊ DE BATATA

As batatas devem ser espremidas logo que saírem da panela, enquanto estiverem quentes. De outra maneira, o purê não ficará leve e fofo. Por isso, é preferível cozinhar as batatas já descascadas.

Alguns truques para que seu purê fique ainda mais leve:

- Adicione uma boa pitada de fermento em pó na hora de bater o purê.
- Um pouco de leite em pó também deixará seu purê leve como um suflê.
- Com o purê bem quente, pouco antes de ir à mesa, misture delicadamente uma clara batida em neve.

PURÊ DE BATATA REQUENTADO

Ao reaquecer o purê, adicione um pouco de leite e bata vigorosamente com uma colher de pau.

QUEIJO PRATO EM FATIAS INTACTAS

Aqueça e unte com óleo a lâmina da faca ou cortador antes de fatiar o queijo prato. As fatias ficarão perfeitas.

QUIABO SEM BABA

Elimine a gosma do quiabo usando um destes procedimentos:

- Antes de cortar ou molhar o quiabo, deixe-o descansar por 20 minutos em suco de limão. Depois lave, enxugue bem e corte-o. Não volte a mergulhá-lo na água.
- Lave e enxugue os quiabos antes de serem cortados. Durante o cozimento, junte uma colher de sopa de vinagre.

REPOLHO

Acrescente a seu cozimento um pouco de leite. Ele ficará claro e macio.

REPOLHO ROXO – COZIDO, MAS NÃO DESBOTADO

Para conservar a cor do repolho roxo, adicione à água da fervura gotas de limão ou de vinagre.

ROLHA PRESA NA GARRAFA

Não adianta insistir com o saca-rolhas, isso só vai fazer a rolha quebrar. Enrole um pano molhado em água quente ao redor do gargalo e deixe-o assim por alguns instantes. Depois, use o saca-rolhas normalmente. Este truque vale para o mel engarrafado, a cachaça e uma infinidade de produtos embalados em garrafas. Mas evite usá-lo em vinhos de boa qualidade, pois a mudança brusca de temperatura pode alterar seu sabor e aroma.

SALSICHAS PERFEITAS

Se deixar as salsichas de molho no leite, antes de irem ao fogo, elas não vão estourar nem arrebentar.

SUSPIROS INQUEBRÁVEIS

Para partir uma torta ou um bolo coberto com suspiro, unte a faca com óleo; assim as fatias sairão perfeitas, sem que o suspiro se quebre.

TORRESMOS

Nada saudáveis, mas deliciosos, os torresmos ficarão mais macios e crocantes se você respingar cachaça enquanto eles estiverem dourando.

VITELA AMARGA

Nunca use pimenta para temperar a carne de vitela. Ela fica amarga.

NEM TODO CHEIRO É BOM

ALHO E CEBOLA – MAU HÁLITO

Não adianta disfarçar com chicletes ou pastilhas de hortelã. O cheiro do alho e o da cebola ficam na boca do mesmo jeito. Aqui vão algumas dicas para neutralizá-los:

- Beba um copo de leite.
- Trinque alguns grãos de café entre os dentes.
- Você também pode tomar um café bem forte. Não é a mesma coisa, mas atenua o cheiro forte deixado pelo alho.

ALHO – CHEIRO NAS MÃOS

Algumas mulheres consideram afrodisíaco o cheiro de alho em mãos masculinas. Mas nunca encontramos um homem que gostasse do mesmo perfume em suas namoradas. Para tirar o cheiro de alho, esmigalhe um tomate ou esfregue um pouco de açúcar entre as mãos umedecidas. (Mais dicas sobre a eliminação de cheiros em BELEZA – MÃOS, p. 35.)

FORNO QUEIMADO

Quando derramar comida no forno, faça desaparecer o cheiro de queimado espalhando um pouco de sal sobre o fundo do forno.

LEITE FERVIDO

Não chore sobre o leite derramado; jogue sal nele. Dessa maneira, o cheiro desagradável desaparecerá instantaneamente.

VERDURAS COZIDAS

Couve-flor, brócolis e repolho exalam um cheiro muito forte enquanto cozinham. Botar um pedaço de pão dentro da panela durante o cozimento evita o problema. Se não tiver pão, use uma rolha de cortiça.

REDUÇÃO DE CUSTOS

BATATA FRITA

A batata frita congelada, encontrada nos supermercados, é ótima e prática. Mas custa mais caro. Você pode, em vez disso, deixar as batatas sempre prontas para a fritura. Basta descascá-las e guardá-las na geladeira, mergulhadas em uma tigela com água e uma colherzinha de vinagre. Preparadas desta maneira, duram até três dias.

CAPPUCCINO

Você pode preparar seu próprio pó para cappuccino. Basta misturar uma lata (pequena) de leite em pó instantâneo, duas colheres de sopa de chocolate em pó instantâneo, 100g de café solúvel e a mesma medida de açúcar (opcional).

Peneire a mistura três vezes e guarde em vidro bem fechado. Na hora de servir, tire a quantidade de pó desejada e acrescente água fervendo.

CLARAS EM NEVE

- Claras em neve crescerão mais se a elas forem acrescentadas três gotas de limão ou uma pitada de açúcar.
- Também renderão mais se adicionar uma pitada de sal quando estiverem quase em neve.

LIMÃO

Se for usar apenas algumas gotas do limão, não há necessidade de cortá-lo. Basta furá-lo com um palito e espremer. Depois, é só "obturar" o furo com um pedaço do próprio palito.

UTENSÍLIOS DE MESA E COZINHA

Se cuidar de copos, talheres e pratos fosse divertido, as fábricas de descartáveis iriam à falência. Embora não tenha a menor graça, empregar algum tempo na manutenção dos utensílios de mesa e de cozinha é interessante para quem gosta de tomar vinho em uma bela taça, aprecia um bonito faqueiro, quer ver sempre nova a louça ou, simplesmente, se sente bem ao entrar em uma cozinha reluzente.

LOUÇAS E UTENSÍLIOS EM GERAL

BULES E CAFETEIRAS – LIMPEZA

Limpe os bules derramando dentro deles água quente de uma panela onde foram fervidas algumas batatas; tampe e deixe ficar por algumas horas. Depois é só enxaguar.

Limpadores de cachimbo são muito indicados para remover a sujeira dos bicos dos bules e cafeteiras.

COPOS EMPILHADOS

Não tente soltá-los à força, pois poderão quebrar. Mergulhe os copos em água quente (não precisa estar fervendo) e encha o copo de cima com água fria.

CRISTAIS – LIMPEZA

Use apenas água e sabão para limpar seus cristais.

As manchas geralmente desaparecem se forem esfregadas com uma fatia de cebola.

GARRAFAS DE ÁGUA – LIMPEZA

É fácil lavar garrafas. Basta enchê-las até a metade com água, vinagre e sal. Sacuda bem e enxágue em seguida.

Outra alternativa é misturar à água sabão e grãos de arroz, feijão ou um pouco de fubá. Sacuda bem.

GARRAFAS MANCHADAS

Encha até a metade com água morna, sal e papel-jornal picado. Sacuda bem e enxágue.

GARRAFAS TÉRMICAS SEM CHEIRO

Essas vasilhas ficam livres do mau cheiro quando lavadas com borra de café e água quente.

Também ficarão limpas e sem odor se colocarmos dentro delas, por mais ou menos dez minutos, uma solução de água quente e sal. Depois é só lavar com uma escova.

LICOREIRA MANCHADA

Para limpar uma licoreira manchada por dentro preencha-a com ¼ de caneca de vinagre e casca de ovo moída. Deixe a solução agir por muitas horas, agitando-a de vez em quando. Depois é só lavar.

LOUÇA RACHADA

Para que uma peça de louça fina, apenas rachada, possa continuar em uso, coloque-a em uma panela com leite e leve ao fogo brando. Após ferver por 15 minutos, retire-a. A rachadura deverá ter desaparecido e a peça, depois de fria, poderá ser lavada e usada.

MAMADEIRA LIMPA

Elas ficarão limpíssimas e isentas de odor se, antes de lavar, você colocar dentro delas um punhado de sal grosso e um pouco de água. Sacuda bem e enxágue.

PORCELANAS

- Lave apenas com sabão e água, morna ou fria.
- Para desengordurá-las, ponha um pouco de vinagre em água quente.
- Garrafas e outros recipientes que contiverem produtos gordurosos podem ser limpos com um pouco de amoníaco em água quente.
- O interior de bules de porcelana, usados para chá, café ou chocolate, ficará sem manchas se você esfregar a peça com a metade de um limão molhado em um pouco de sal. Em seguida, lave com água quente e sabão de coco.
- Se as manchas forem antigas, basta esfregar um pano umedecido com bicarbonato ou lêvedo de cerveja.
- Cinzeiros de louça manchados de cigarro voltam à cor original se forem esfregados a seco com um pedaço de pano e sal fino. Esse processo serve

para qualquer mancha marrom ou castanha em porcelana.

RALADOR DE QUEIJO – LIMPEZA

Antes de ralar o queijo, pincele o ralador com um pouco de óleo. Será mais fácil lavá-lo depois.

Também para facilitar a limpeza, depois de usá-lo rale uma batata crua. Em seguida, passe uma escovinha e água morna.

REFRATÁRIOS – LIMPEZA

As manchas escuras do fundo dos refratários podem ser retiradas com uma escovinha molhada e bicarbonato de sódio seco. Esfregue bem. Depois é só enxaguar e secar.

UTENSÍLIOS DE MADEIRA

Para limpar batedor de carne, pilão, colheres, tábua de carne etc., embeba uma esponja em água oxigenada e esfregue bem. Deixe os objetos molhados por alguns minutos. Depois é só enxaguar.

TÁBUA DE CARNE – ODORES

Quando a tábua ficar com cheiro de alho, cebola, peixe etc., esfregue-a bem com um pedaço de limão, ou pasta de água com bicarbonato, enxaguando em seguida.

TALHERES – LIMPEZA

AÇO (FACAS) – Elas se conservam brilhantes e afiadas se forem guardadas em uma caixa contendo areia limpa.

CABO DE MADEIRA – Jamais lave com detergente.

CABO DE MARFIM – Esfregue bórax em pó.

CABO DE OSSO – Para clarear as peças, deixe de molho em água oxigenada 40 volumes (12%) durante 24 horas. Depois lave em água fria.

PRATA – Seque-os bem antes de guardar; assim não ficarão manchados. Um pedaço de pedra-ume, deixado dentro da caixa ou da gaveta onde ficam guardados os talheres, vai fazer com que se retarde o processo de escurecimento da prata. Veja como limpá-los em METAIS – PRATA – LIMPEZA E RECUPERAÇÃO (p. 56).

VASILHAS PLÁSTICAS – ODORES

Para eliminar o cheiro de comida que fica impregnado, encha a vasilha seca com papel-jornal amassado, tampe bem e deixe por 24 horas. Você vai se espantar com o resultado.

PANELAS

ANTIADERENTES

- Antes de usá-las pela primeira vez, lave-as com esponja macia, água e sabão, secando-as em seguida. Depois, unte o lado revestido com óleo ou gordura, e leve ao fogo durante dois minutos. Seque com pano ou papel absorvente.
- Quando muito sujas, devem ser limpas com jornal velho e borra de café. Em seguida, lave normalmente com água, detergente e esponja macia.
- Quando em uso contínuo, basta limpá-las com papel absorvente.

BARRO

As panelas de barro devem ser curadas antes de usadas pela primeira vez. É necessário tirar o cheiro e o gosto peculiar que trazem da olaria. Para isso, adote um dos seguintes procedimentos:

- Ferva um pouco de leite dentro da panela.
- Besunte-a generosamente com óleo ou azeite de oliva, deixando-a assim durante alguns dias.
- Esfregue-a com alho antes de ser usada.

PANELA COM COMIDA QUEIMADA

Siga um dos seguintes procedimentos:

- Encha a panela com água, junte uma cebola descascada e deixe ferver até as partículas queimadas subirem à superfície.
- Encha a panela com um pouco de água, coloque bastante sal e ferva durante muito tempo, em fogo brando. Deixe de molho até o dia seguinte.
- Encha a panela com meio litro de água e 2 colheres de sopa de vinagre. Ferva bastante tempo, em fogo lento. Deixe de molho até o dia seguinte.

- Encha a panela com água até cobrir a parte queimada, misture uma ou 2 colheres de chá de molho de tomate e leve a panela para ferver em fogo brando. O queimado se soltará.

FERRO E ALUMÍNIO

Para ter panelas sempre limpas e prontas para uso, siga os seguintes conselhos:

- Quando um cabo de panela se partir, pincele acetona nas partes que são emendadas. Espere secar e somente então passe a cola.
- Logo que desocupar uma panela, encha-a imediatamente com água quente, para facilitar o trabalho de limpeza.
- Panelas sujas de leite ou de ovo devem ser sempre lavadas com água fria.
- As panelas em que se cozinhou feijão ficarão bem limpas se, após terem sido lavadas com água e sabão, forem preenchidas com água fervendo e um pouco de vinagre e deixadas de molho durante alguns minutos.
- Nunca limpe as suas panelas com soda ou potassa, pois o alumínio ficará manchado de verde.

- Uma boa maneira para deixar as suas vasilhas e panelas de alumínio brilhando é esfregá-las com uma rolha de cortiça e detergente em pó.
- Ao usar uma panela para banho-maria ou para cozinhar ovos, ponha na água de fervura um pedaço de limão. Mas, se esqueceu de pôr o limão e a panela escureceu por dentro, leve-a novamente ao fogo com água, um pouco de vinagre ou algumas cascas de maçã.
- Se a comida grudou no fundo, encha a panela de água com bastante sal. Leve ao fogo e deixe ferver bem.
- As manchas escuras que se formam no fundo de bules e chaleiras de alumínio são facilmente elimináveis. Basta ferver um pouco de vinagre com cascas de batatas cruas no interior da panela.
- Lave as panelas de alumínio com esponja de aço e sabão de coco.
- Esfregue-as por dentro e por fora com uma mistura de fubá e vinagre, formando uma pasta. Depois, enxágue com água fria.
- Junte álcool e óleo em partes iguais e use a mistura para dar brilho às panelas de alumínio.
- Depois de polir uma panela de alumínio, não a enxágue e, se possível, deixe-a secar ao sol.

FRIGIDEIRA – DESENGORDURAR

Acrescente água com um pouco de vinagre dentro da frigideira e deixe ferver durante alguns minutos. Escorra o líquido e esfregue a frigideira ainda quente com sal e papel absorvente.

FRIGIDEIRA – TIRAR FERRUGEM

Leve-a ao fogo lento com água e cascas de batata e deixe ferver durante alguns minutos.

FRIGIDEIRAS E PANELAS DE VIDRO – REMOÇÃO DE MANCHAS

Para remover manchas escuras de panelas de vidro, deixe-as de molho em uma solução de 5 colheres de sopa de bicarbonato de sódio para um litro de água morna.

MANCHADAS

Para evitar que as panelas escureçam ao cozinhar batatas ou macarrão, unte-as com óleo antes de levá-las ao fogo. Porém, se a panela já estiver manchada, deixe-a de molho em uma solução de 5 colheres de sopa de bicarbonato de sódio para um litro de água morna.

ENTROU UM INSETO NA SUA CASA?

As criaturas monstruosas que povoam os filmes de terror são inspiradas nos insetos que invadem a nossa casa. Repelentes e ameaçadores, nossos gritos e demais manifestações de pânico não fazem o menor efeito – eles se recusam a morrer de susto –, então é bom aprender alguns truques capazes de transformá-la em uma poderosa exterminadora.

BARATAS – LOCALIZAÇÃO DO NINHO

Aprenda a localizar os ninhos das baratas. Geralmente, eles são encontrados em lugares quentes e úmidos: perto do fogão, no motor da geladeira, atrás de cortinas pesadas etc. A maneira mais rápida de eliminar esses insetos é encontrar seus ninhos, esmagar os ovos e limpar o local.

BARATAS NO RALO

Se elas sobem pelo esgoto, derrame diariamente um pouco de querosene nos ralos.

BARATAS – PREPARADO CASEIRO

Faça um inseticida simples e eficaz. Junte uma boa porção de cascas de batata, ponha-as em uma assadeira e leve ao forno até que fiquem torradas como biscoitos. Espalhe por perto do ninho ou nos lugares onde as baratas costumam passar.

BARATAS VOADORAS

Veja a seguir em INSETOS VOADORES, p. 173.

FORMIGAS

- Se quiser manter alimentos a salvo das formigas, faça em torno deles uma barreira com talco ou cascas de pepino.
- Pó de café usado é ótimo para botar dentro dos armários onde há formigas.

- Um pouco de tabaco picado (que pode ser obtido com um cigarro desfeito) impede que as formigas doceiras avancem sobre sua sobremesa.

INSETOS VOADORES

Nada de espantá-los com pano ou inseticida; eles perdem o senso de direção e acabam voando para cima de você. Pegue o seu spray de cabelo e pulverize sobre o inseto. As asas dele ficarão paralisadas e ele cairá no chão. Aí, sim, resolva se vai usar inseticida ou um chinelo para matá-lo.

MOSCAS

Um pé de arruda ou mesmo um galho seco desta planta é tiro e queda para espantar as moscas.

MOSQUITINHOS DE COZINHA

Suma com eles colocando sobre a mesa um prato com leite ou vinagre com pimenta. Para que não pousem sobre a carne, ponha em cima dela um pedaço de cebola.

MOSQUITOS

Alfazema é ótimo para espantar mosquitos. Ponha na cabeceira da sua cama um sachê ou respingue gotas de essência nos lençóis e fronhas.

PULGAS – NO CACHORRO

- Ponha ramos de hortelã na cama ou na casinha dele.
- Espalhe pétalas de rosa no lugar onde ele dorme.

PULGAS – PICADAS

Se sentir que foi picada por uma pulga, aplique imediatamente água gelada no local. A coceira cessa e o lugar não empola.

RATOS

- Pedaços de cânfora ou ramos de hortelã espalhados pelos cantos da casa impedem o aparecimento de ratos.
- Se os ratos já apareceram, misture trigo roxo e gesso em partes iguais, tendo o cuidado de colocar

por perto uma vasilha com água. Depois que o rato comer a mistura e beber a água, o gesso que está em seu estômago vai endurecer e ele morrerá. Cuidado com seus animais de estimação.

- Experimente substituir o queijo da ratoeira por sementes de girassol, que o atraem muito mais.

TRAÇAS

- Bom mesmo para afugentar as traças é botar naftalina nas gavetas. Mas se você não suportar o cheiro da naftalina – que fica impregnado até nas roupas –, substitua-a por pimenta-do-reino em grãos.
- Folhas de jornal também servem para espantar as traças. No entanto, como o efeito repelente é dado pelo cheiro da tinta de impressão, elas devem ser trocadas periodicamente.
- Traças não atacam nenhum tecido (inclusive os de lã) que esteja guardado em sacos plásticos fechados.

EDIÇÕES
BestBolso

Este livro foi composto na tipologia Minion Pro Regular,
em corpo 11/16,5, e impresso em papel off-set 56g/m² no Sistema
Cameron da Divisão Gráfica da Distribuidora Record.